早稲田社会学ブックレット
[社会調査のリテラシー 1]

嶋﨑 尚子

社会をとらえるためのルール
――社会調査入門

学文社

はじめに

　本ブックレットのねらいは，「適切な調査を実施」し，「適切な調査を判断する」ための基本的知識ならびに姿勢を提供することにある．いいかえれば「誤った調査を回避」し，さらに「誤った調査を見抜く」能力を身につけることである．改めて身につけるほどの能力ではないかもしれないが，それほどまでに，現在「誤った調査」「無駄な調査」「社会悪ともいえる調査」が跋扈しており，そのことが社会調査をとりまく環境の劣悪化の主要な要因ともなっているのだ．

　われわれは，調査者の立場にも，被調査者の立場にも，さらには調査結果を利用する立場にもある．いずれの立場においても，「適切な社会調査」を評価できる眼力は，社会生活を営むうえで身につけておくべき力である．本ブックレットをとおして以下の6点を主張したい．

　① 社会調査はあくまでも手段である！
　② すべてを網羅する調査はない！
　③「社会調査は社会迷惑である」からの出発！
　④「とりあえず調査してみよう」の姿勢は危険！
　⑤「調査しない」ことも重要！
　⑥ 必ず社会に還元せよ！

その際，ブックレットという形態を活かして，社会調査をめぐる環境について最新の情報を紹介することに力点をおいた．第一に，2007年10月1日に改正された「新統計法」である．今回の改正は国の統計行政の大転換であり，現在，具体的な統計体制の整備が進められているところである．第2章で，2008年2月時点での情報を紹介している．そのほかには，2005年の個人情報保護法の施行と関連した社会調査をめぐる今日的環境を整理した．とりわけ，日本社会学会や日本学術会議が

どのような方針で対応しているのかを，第4章，第5章で具体的にとりあげた．また巻末に大部であるが，「日本社会学会倫理綱領」と「日本社会学会倫理綱領にもとづく研究指針」の全文を掲載したので利用されたい．

本ブックレットで主にとりあげるのは，いわゆる質問紙調査（survey）である．社会学は20世紀をとおして，質問紙調査に関する方法や技術を開発し，知識を蓄積してきた（社会調査の歴史については，本シリーズ『社会調査の歴史をたどる』を参照のこと）．この調査方法を学習したうえで，社会構築主義にたつ質的分析や会話分析など，解釈的な調査へ進むことを薦める．

なお，本書は，社会調査士資格「A 社会調査の基本的事項に関する科目」に対応する構成となっている．近年の社会調査教育が，量的調査偏重の傾向にあることも事実である．学生諸君には，社会学的想像力を磨きながら，「適切な調査」能力を身につけるべく積極的な学習をすすめてほしい．

2008年1月

著　者

目　次

第1章　社会をどうとらえるか　5
1.1　社会調査とは ・・・・・・・・・・・・・・・　5
1.2　社会調査はあくまで手段である ・・・・・・・・　7
1.3　すべてを網羅する調査はない ・・・・・・・・・　9

第2章　いろいろな社会調査 ①　11
2.1　事例調査と統計的調査 ・・・・・・・・・・・　11
2.2　官庁統計と新しい「統計法」・・・・・・・・・　15
2.3　世論調査とマーケティング調査 ・・・・・・・・　18

第3章　いろいろな社会調査 ②：観察単位と分析単位　21
3.1　個人を観察単位・分析単位とするデザイン ・・・・　21
3.2　関係や組織・集団を観察単位・分析単位とするデザイン　23
3.3　観察単位とカテゴリー ・・・・・・・・・・・　26

第4章　社会調査における心構え：調査者の倫理　29
4.1　「社会調査は社会迷惑である！」の認識から出発しよう ・・　29
4.2　調査における人権の尊重とプライバシーの保護 ・・・・・　30
4.3　「とりあえず調査してみよう」の姿勢は危険！ ・・・・・　34

第5章　社会調査をめぐる今日的環境　37
5.1　社会調査を促進する環境：情報化をめぐって ・・・・・　37
5.2　社会調査を抑制する環境：個人情報をめぐって ・・・・・　40

第6章　調査を設計・企画しよう　　　45

6.1　先行研究のレビューからはじめよう ・・・・・・・　45
6.2　「なぜ今調査するのか？」に答えられなければいけない ・・　48
6.3　調査の設計・企画 ・・・・・・・・・・・・・・　49
6.4　データのライフサイクル ・・・・・・・・・・　51

第7章　既存データを利用しよう　　　53

7.1　「調査しない」ことも重要！・・・・・・・・・　53
7.2　二次分析 ・・・・・・・・・・・・・・・・・　55
7.3　データ・アーカイブ ・・・・・・・・・・・・　56
7.4　オンライン分析 ・・・・・・・・・・・・・・　58
7.5　データ・アーカイブの意義 ・・・・・・・・・　60

第8章　社会調査の社会的還元：報告書のとりまとめ　　　61

8.1　必ず社会に還元せよ ・・・・・・・・・・・・　61
8.2　必ず報告書をまとめる ・・・・・・・・・・・　61
8.3　データは適切な方法で示す ・・・・・・・・・　63

おわりに　　　68

参考文献　　　70

付録

日本社会学会倫理綱領　　　71
日本社会学会倫理綱領にもとづく研究指針　　　73

第1章 社会をどうとらえるか

1.1 社会調査とは

社会調査（social research）とは何だろうか．そこからはじめよう．社会調査とは，明確な学術目的にたって適切な設計・企画をもって実施される調査である．学術的な目的とは，**社会的事実**をとらえ，記述し，説明することにある．

社会的事実をとらえるには，「Xファストフード店の店長は学生アルバイトのAさんである」という個別事象を把握する方法も可能であり，「ファストフード店の店長の多くは学生アルバイトである」という規則性あるいは蓋然性の高い事実として把握することもできる．社会調査は，原則的には後者の立場から**社会的規則性**をとらえようとする．つまり，ファストフード店の店長をしているのはAさんでもB君でも構わない．それよりもAさんが「学生」であることと「アルバイト」で「ファストフード店の店長」をしていることに注目する．むろんファストフード店Xは，マクドナルドでも，モスバーガーでも構わない．このように，観察対象を属性として把握して，その属性間にみられる関連性（つまり規則性）をとらえるのが社会調査である．

ただし，社会学が対象とする社会的事実においては，厳密な法則性・規則性は成り立たない．人びとや集団の営みには，ばらつきがあることを前提にしなければならない．「水素と酸素を合わせると必ず水になる」というようにはいかない．「ファストフード店の店長の多くは学生アル

バイトである」の「多く」にはそういった意味がある．店長には社員もいれば，パート主婦もいるのだ．

　また社会的規則性は，決して普遍ではない．時代，地域，文化等によって異なることはいうまでもない．たとえば結婚を考えよう．20世紀をとおして日本社会で劇的に変わった人びとの行為は，結婚である．結婚の発生率自体はほぼ一定であったが，結婚するカップルの出会い方は見合いから恋愛へと一方向に変化していった．図1は，その様子を描出している．見合いによって配偶者をみつけるという行為から，現在は恋愛感情によって配偶者をみつけることが規則的になったことがわかる．

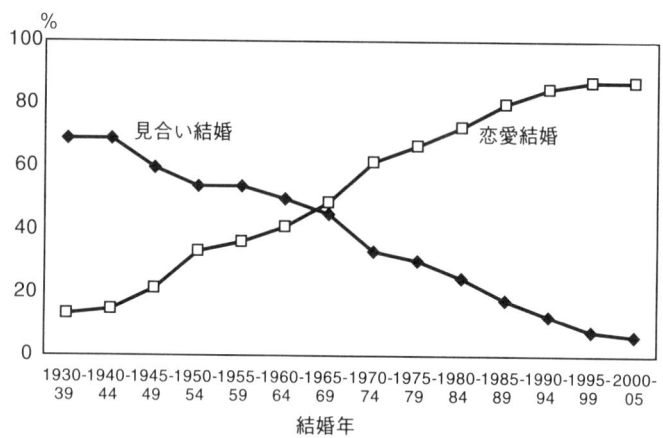

出所）国立社会保障・人口問題研究所『第13回出生動向基本調査』より作成

図1　恋愛結婚・見合い結婚の比率（初婚どうしの夫婦）

　このように日本人の結婚行動にみられる規則性を経年的にさぐることも重要であるが，他方で，そうした規則性がどのように発生し持続しているのか，あるいはどうして変化していくのかについて理解し，説明することに社会学は強い関心をもっている．実際の社会現象を理解し，説

明することはむろん容易なことではなく，いくつもの説明がありうる．そうした説明枠組みが理論である．同じ現象であっても異なる理論枠組みにたつならば，異なるメカニズムとしての説明が可能となる．われわれはどの説明がもっとも説得力をもつかを判断しなければならない．その手順については，本書の範囲を超えているので，社会学方法論の授業で勉強してほしい．

1.2 社会調査はあくまで手段である

さて，社会調査では特定の理論枠組みにたって，実際の社会現象を観察し，その結果から社会現象の仕組みにおける規則性を抽出するという手順がとられる．理論という相対的に抽象度の高い思考内容を，現実に観察しうる社会現象へと具体化する作業が必要となる．この作業が演繹的な思考作業である．反対に，具体的な結果をふまえて，さらに理論的枠組みを精緻化していく作業が，帰納的な思考作業となる（図 2）．社会調査の作業は，図中の下半分が中心となる．社会学の考察は，この図にあるように，理論的な思考作業と観察にもとづく実証的な思考作業との両者があってはじめて成立する．社会調査は社会学的考察の手段のひ

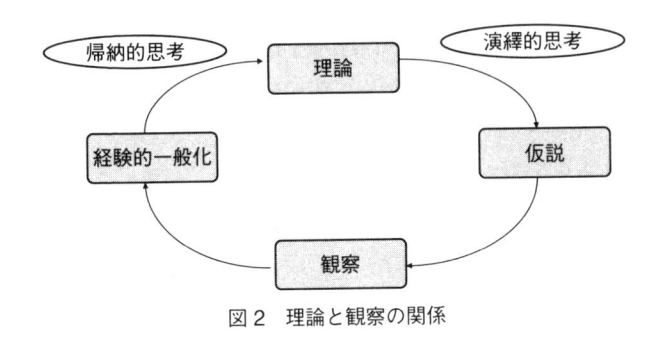

図 2 理論と観察の関係

とつであり，決して目的ではない．

われわれは，社会調査を行うことをとおして，社会情報として社会をとらえようとしている．社会情報とは，「人びとの生活での必要性に応じてある人びとによって収集・整理されたものであり，伝達，保管，検索，分析等を経て必要とする人びとによって利用されていくもの」である．社会調査では，観察する対象に対して一定の刺激（質問）を与えて得たその反応（回答）が社会情報となる．観察する対象ごとに，刺激に対する反応が異なる場合，それを**変数**（variable）という．反応が対象間で一定である場合には定数であり，観察対象の条件として利用する情報となる．われわれが知りたいのは，変数である．変数の定義を『新社会学辞典』（有斐閣）から引用しておこう．「社会的事象それ自体もしくは他現象との相互作用のなかで，その質的・量的特性が変化すると考えられるものを，一般に変数とよぶ」とある．ファストフード店の店長に，「学生アルバイト」「パート主婦」「社員」という属性の者が就いているという現象は，店長という職位にある者の従業上の地位という変数であり，「学生アルバイト」「パート主婦」……はその変数のカテゴリー（属性）となる．

ファストフード店の店長の従業上の地位という変数に注目するのは，ファストフード業では，固有の雇用管理制度が採用されていることを明らかにしたいためであった．その目的を具体的に観察するにあたって，店長の従業上の地位という変数が**指標**（indicator）として有効であると考えた結果である．むろん，このほかにも指標として有効な変数はある．ここで，指標についても定義を引いておこう．指標とは「何らかの現象を他から識別し，その性格を明らかにするための目的となるもの」となる（『新社会学辞典』有斐閣）．このように，社会調査では，観察しようとする社会現象を構成する概念をさまざまな変数に指標化して，具体的な変数として観察ができるようにしていくことになる．

1.3 すべてを網羅する調査はない

　社会現象の指標として採用した変数を用いて具体的な観察をしていくが，そこで収集された社会情報は，量的データからなる場合と質的データからなる場合とがある．前者は，対象個々の記述ではなく集団としてその様子をとらえる手法であり，これが社会統計の基本的な考え方である．19世紀末，É. デュルケーム（É. Durkheim）は，社会的事実を観察するひとつの方法として統計を位置づけた．彼は，「数字の表現しているもの，それは，集合精神のある一定の状態にほかならない」（デュルケーム 1895=1990　61）とし，社会的事実と個人的事実とを明確に分離してとらえている．彼の方法論は，現代の社会調査法へは直接的には結びつかないが，社会学における統計活用の有効性を提示した意義は大きい．

　量的データの場合，社会情報に統計的処理を加えていくが，それにはいくつかの方法がある．主要なものは**尺度**（scale）と**指数**（index）である．尺度は，得られたデータを得点に変換したものであり，量的に四則演算処理が可能である．たとえばストレス尺度などがある．指数は，得られたデータを得点ではなく一定の代数式にあてはめて算出した値である．たとえば，出生率や死亡率はその典型例である．または，期首年を 100 として基準化するような指数もある．いずれにしても何を知るための処理なのか，つまり，指標としての位置づけを明確にする（理論を明確にする）ことなしには，何の意味もない数値である．

　質的データは，数値として整理することが難しい．インタビュー内容をテキスト化（テープおこし）したデータを中心に，種々の文書資料や写真，物的資料などから構成される．また，質的データには，歴史的資料，人類学的資料，特定組織の文書資料なども含まれる．

このように，社会調査は，観察対象について目的とする社会情報を得る作業である．しかし，一度の調査ですべてを網羅することは不可能である．事象の構成要素をすべて網羅することはできないし，また事象について特定の時間幅での観察にとどまらざるを得ない．この点は理解しておく必要がある．決して欲張ってはいけない．

第2章 いろいろな社会調査 ①

本章と次章では，社会調査や隣接領域での調査を含めて，社会調査と一般にみなされている調査研究を概観しておこう．実に多岐にわたる．本章では，その特性と実施主体，目的から3区分で整理する．そして次章では，観察単位と分析単位によって分類していく．

2.1 事例調査と統計的調査

まず，社会調査は，大まかには事例調査と統計的調査とにわかれる．それぞれの詳細については，本シリーズで紹介されるので，ここでは，概略をみておく（図3）．**事例調査**（記述的調査という場合もある）とは，少数の事例をとりあげて，その事象に関する情報を網羅的にとらえることを目的とする調査である．事象の特性や要因を全体関連的にとらえるものである．他方で，**統計的調査**とは，多数の事例を対象に，きわめて構造化された方法で，事象に関する情報を限定的にとらえるものである．そのデータは社会統計学の手法に則って客観的に分析され，その結果が一般化される．事例調査と統計的調査のあいだには優劣関係はなく，むしろ相互補完的な関係にあることがのぞまれる．

事例調査で全体関連的に事象の特性や要因を把握することは，事象の要因等についての仮説の導出につながる．その仮説を検証するのが，対象にたいして代表性を有している多数を対象に，仮説を構成する情報に限定した統計的調査である．反対に，統計的調査から明らかになる事象

の特性は，前章でも指摘したように，確率論的特性であって，集合体で情報をとらえることで初めて顕在化するものである．たとえば階級帰属意識に関する統計的調査によって，「全体の6割が自分の属する階級を『中の中』と認識している」ことがわかるといったことである．統計的調査から初めてうかびあがってきたこの特性について，その中流意識をとりまく全体関連を知るためには，統計的調査結果のなかから典型的な事例を抽出し，その少数の事例を対象に，事例調査を実施することが必要である．以上のように，事例調査と統計的調査は，観察対象である事象をとらえるにあたって相互補完的な関係にある．

また，事例調査と統計的調査は，そこで収集されるデータの特性に着目して質的調査と量的調査と称されることもある．ただ，「質的 (qualitative)」「量的 (quantitative)」という表現は社会学や社会統計学では多義的に使用されているので，ここでは，事例調査と統計的調査を用いる．

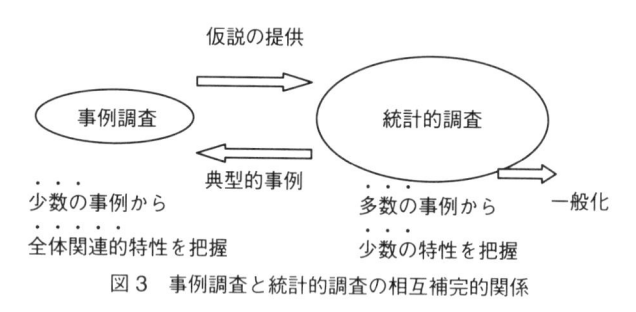

図3　事例調査と統計的調査の相互補完的関係

（仮説の提供／典型的事例／少数の事例から全体関連的特性を把握／多数の事例から少数の特性を把握／一般化）

本シリーズでは，統計的調査に主軸がおかれているので，ここで事例調査についてもう少し説明を加えておこう．事例調査は，統計的調査以上に多様な形態がある．たとえば，佐藤郁哉の『暴走族のエスノグラフィー ――モードの叛乱と文化の呪縛』(1984) は，暴走族における「遊び」を題材にした珠玉の事例調査研究である．彼はおよそ1年間にわ

たって，京都の暴走族に加わって「集会」やパーティへの参加など日常的な接触（これを参与観察という）を行ってきた．そこでのねらいは，暴走行為における「遊び」という社会事象を理解することにあった．そのためには，参与観察にとどまらず，メンバーや OB にインタビューしたり，あるいは質問紙調査をしたり，また種々の統計調査結果を利用するなど，およそ可能な技法をすべて取り入れて事例へと接近していった．こうした手法を彼は**フィールド調査**とよび，その技法（彼自身は恩師の言葉を引きながら「『恥知らずな折衷主義』によって編まれたエスノグラフィー」と呼んでいるが）が有効である理由を以下のように整理している．「なによりも，その対象となる人間のトータルな行動に本来含まれる矛盾や非一貫性を単一の技法だけで描き切ることは，とうてい不可能だからである．(中略)『遊び』というきわめて不可解な領域は，人間行動のそのような側面を如実に表している」（佐藤 1984，ii）．本書の 1 章から 6 章は，暴走族に関するエスノグラフィー（民族誌）であり，終章で著者による暴走族の遊びに関する全体関連図が提示されている．終章にきてはじめて，1 章から 6 章で個々バラバラに展開され，提示されてきたエピソードが，有機的に連結され，著者自身による事象の説明・理解に説得力をもたらすのである．関心のある諸君にはぜひとも一読を薦める．

喫茶室

アンケートとは

　そもそも「アンケート」とは，フランス語 enquête であり，専門家への聞き取りという意味である．その用語が，質問紙調査全般を「アンケート調査」として日本で誤用されている．「アンケート調査」はいわば和製仏語であって，英訳はできない．質問紙調査は，survey もしくは questionnaire という．社会調査を学んだ学生ならば，「アンケート調査へのご協力をお願いします」という表現は使わないはずである．

　しかし，「調査」という用語についての負のイメージを回避するために，「アンケート」が使われるという側面もある．私見であるが，「調査する」「調査を受ける」ことは，「調べられる」というニュアンスがあり，「権力をもった者による事情聴取」というニュアンスに受け取られやすい．確かに，受ける側にすれば「調査させてください」といわれることは，決して気持ちのよいことではない．「お話をうかがわせてください」というニュアンスをいかに伝えるかも大きな課題である．

　社会調査は，あくまでも「○○について」の情報を探索する過程にすぎないのだが，「調査」と呼ばれると，残念ながら「身辺調査」「素行調査」のように，極端な場合，個人の暗部への強制的な侵害とも受け取られかねない．これは，「調査」という「日本語」に固有の課題といってもよいだろう．

「統計（的）」とは？

　統計的という用語・表現は，社会調査の領域では多義的に使われている．本章でも，統計的調査と統計調査とは別概念を指示している．そもそも「統計（statistic）」とは，社会事象をあらわす一群の数量をさす．

2.2 官庁統計と新しい「統計法」

つづいて,フィールド調査とは非常に対照的な特性をもっており,統計的調査ともっとも近い調査,あるいは混同されることの多い官庁統計についてみていこう.**官庁統計**は,国が統計法にもとづいて実施する調査であり,これが一般に**統計調査**といわれる.統計法では,「行政機関等が統計の作成を目的として個人又は法人その他の団体に対し事実の報告を求めることにより行う調査」と定義されている.社会調査における統計的調査との大きな違いは,仮説検証を企図していない点にある.

個人を対象にしたもっとも代表的な官庁統計が＜国勢調査＞である.1920(大正9)年からほぼ5年ごとに実施されている.この調査は,**センサス調査**(すなわち,全数調査)である.官庁統計におけるセンサスには,＜国勢調査＞のほかに＜事業所・企業統計調査＞や＜医療施設調査＞などがある.事業所・企業統計は計量経済学などでは頻用されるが,社会学ではあまり馴染み深くはない.この調査は,すべての事業所を対象に行われ,大規模な調査が5年ごとに,中間年に簡易調査が実施されている.この調査をもとに,企業の産業,従業者規模などの基本情報がえられる.＜国勢調査＞と＜事業所・企業統計調査＞＜医療施設調査＞などのセンサスは,個人ならびに事業所・企業等の全数調査であり,各種統計調査における母集団情報を提供するという機能をもっている.

さて,**統計法**は,国や行政機関が実施する統計調査の基本方針を定め,さらに,その回答者である個人や企業,組織に対して申告義務を課している.官庁統計調査は,1947年に公布された統計法のもとで60年間実施されてきた.しかし,2007年10月1日に「新統計法」として改正され,(一部規定が順次)施行されている.今回の改正では,これまでの統計行政の大きな方向転換が打ち出されている.すなわち,「行政のため

の統計」から「社会の情報基盤としての統計」へという方向転換である．そこでは4つの柱が提示されている．

① 公的統計の体系的・計画的整備の推進
② 統計データの有効利用の促進
③ 統計調査の対象者の秘密保護の強化
④ 統計整備の「司令塔」機能の強化

新統計法による統計体制を概略しておこう．ここでは「**基幹統計**」として，人口・社会統計と経済統計（国民経済計算（ナショナル・アカウント）（国連の国民所得勘定体系 SNA：A Standardization System of National Accounts にもとづいて算出））が位置づけられ，現在整備作業がすすめられている．この基幹統計の中心となるのは，これまで指定統計として法的に指定された統計（たとえば，国勢調査，労働力調査，事業所統計など）にあたるものである．そのほかに「**一般統計調査**」が加えられた（これまでの承認統計調査や届出統計調査など）．

公的統計には類似調査が多数存在する．これは省庁のいわゆる縦割り行政を反映したものであり，長いこと問題視されてきた（「分散型統計機構の弊害」）．同じ事象が重複して調査されることは，資源においても，申告者負担においても，調査者負担においても，きわめて問題が大きい．たとえば，＜賃金構造基本統計調査＞（厚生労働省実施）と＜民間給与実態調査＞（人事院）は，毎年実施しているものだが，前者が6月，後者が5月実施である．時期が若干ずれているが，内容はきわめて類似している．にもかかわらず二本立てで実施しているのは，両者の利用目的が異なるためである．人事院は本調査をふまえて夏の人事院勧告（すなわち公務員給与の確定）を実施するためであり，時期を遅らせることができないためとされている．

そこで，「①公的統計の体系的・計画的整備の推進」がうたわれた．さらに，その「司令塔」としてその体系をマネージする箇所として，内閣

府に統計委員会が設置された（④）．従来の統計審議会（総務省所管）から内閣府へと移動した．

さて，本書第5章でも詳述するが，近年，個人情報保護に関する意識が高まりをみせている．統計調査においても，その徹底がはかられている．③に該当する．たとえば調査票の回収にあたっては，個人や世帯が対象の場合，対象者に調査票を封入してもらい，それを密封して回収することで，調査票を回収する調査員に個人情報が漏れることを避けるという方法へ一斉に変更された．

最後に，「②統計調査データの有効利用の促進」についてふれておこう．それにさきだって，統計調査データを2種に大別する必要がある．ひとつは，あらかじめ決められたデザインで集計した結果からなる**集計表データ**である．具体的には，報告書に掲載される集計表と掲載されないが集計されて保管されている集計表にわかれる．もうひとつが，**個票データ**（ミクロデータ）である．これは個々の調査票の記入内容情報である．いわゆる統計的処理をする対象となるデータである．

さて，これらの2種からなる統計調査データの有効活用方法の話にもどろう．第一は，結果の公表である．この数年のうちにこれはホームページ上で，ほとんどの主要調査の報告書，集計速報ならびに集計表データ（エクセル版）が公開され，それをだれでもダウンロードできるようになった．「統計調査集計結果のデータベース化，共有化およびオープン化推進」という動きのなかで実施された．学生諸君も大いに活用することをお薦めする．具体的な活用方法については，本シリーズ4で学習してほしい．

第二に，統計データの個票データは，これまで当初の目的外の利用は非常に厳しく制限されていた．学術目的で統計データを再利用（以下では「二次分析」，詳細は本書第7章）したい場合には，総務大臣へ目的外使用願いを提出し，そこで詳細な分析設計を提示することが求められて

いた．使用許可が官報上で掲載されて初めて利用が可能となった．しかし，国税を用いて膨大に収集され，蓄積された統計データを当初の目的内での利用にとどめてしまうことは，社会的損失であるという指摘が相次いでいた．また諸外国をみても，センサスをはじめとした統計データの二次分析がこれほど制限されている国は，他に類をみなかった．統計行政の新中期構想推進協議会を中心に働きかけた結果，ようやく国が統計データから匿名標本データを作成し，それを国民に提供するというシステム（「統計データアーカイブ」の設置）を構築することが決まった．ここでの匿名性はとりわけ，事業所・企業統計において重要になる視点である．まもなく，統計データの二次分析が積極的に実施されるようになる．

2.3 世論調査とマーケティング調査

官庁統計のほかに，社会調査と非常に近い調査としては，**マーケティング調査**と**世論調査**がある．両調査とも社会調査として一括される場合もあるが，その目的や方法においては，別扱いで考える方が妥当である．

世論調査（public opinion poll）は，日常的には多義的に使われているが，厳密には「社会問題に対する個人の意識」を問うものである（NHK放送文化研究所 1996）．その対比には実態調査があてはまる．世論調査は一般的には，政府が実施するものと，マスコミが実施するものとに大別できる．もっとも典型的な世論調査は選挙調査と支持率調査（たとえば，内閣支持率調査）である．なお財団法人日本世論調査協会は，加盟団体ならびに政府が実施している世論調査のインデックスを web 上で公開しているので，参考にされたい．

内閣府は 1952 年から毎年「全国世論調査の現況」として当該年度に実施された世論調査を照会し，その結果を『世論調査年鑑』として公表

している．たとえば最新の平成18年度版（平成17年度に実施された世論調査について平成18年6月に照会）では，1,907機関（政府機関および政府関係機関，都道府県・同教育委員会・同選挙管理委員会等，市・同教育委員会・同選挙管理委員会等，大学，新聞社・通信社，放送局，一般企業，各種団体，専門調査機関・広告業）に照会している．照会する調査は，個人を対象とし，母集団が明確であり，意識に関する調査であること，さらに対象者数（標本数）が500人以上であること，質問数が10問以上，質問紙を用いていることなどの条件をつけている．それぞれについて実施内容（内容，時期，母集団，抽出方法，調査方法，回収率，個票データの保存状態など）をたずね，さらに回収率が50％以上の調査については単純集計結果を記入した調査票の提出を求めている．

平成17年度には481機関が総計1,218の該当する世論調査を報告している．その内訳は，テーマでみると「地方自治行政問題」306件，「政治・外交・時事問題（選挙）」128件，「社会保障・福祉・ボランティア活動」121件，「教育・青少年・子育て」91件，「保健・医療・健康」83件となっている．上位5カテゴリーで729件，全体の6割に達する．実施機関は，「市・同教育委員会・同選挙管理委員会等」787件，「都道府県・同教育委員会・同選挙管理委員会等」167件，「新聞社・通信社」117件となる．地方自治体による調査が圧倒的多数を占めている．なお同年鑑には，回収率50％以上の調査について調査票とともに単純集計結果が掲載されているので，活用されたい．

さて，世論調査の特性は，なんといっても即時性と公共性にある．人びとの現時点での意識を把握し，それを行政や施策に反映させることが使命である．そのためには，非常に単純で構造化された調査票によって測定されることがもとめられる．また，意識の変化・趨勢をとらえるためには，反復して実施し，トレンドを把握することが求められる．内閣支持率などはその好例である．表1には『世論調査年鑑』から平成17

表 1 平成 17 年度に実施された世論調査の一例

(1) 地球温暖化対策に関する世論調査（附帯：食育に関する特別世論調査）：
　　内閣府大臣官房政府広報室
(2) 国民生活選好度調査：内閣府国民生活局
(3) 第 36 回 国民生活動向調査：国民生活センター
(4) 裁判員制度についてのアンケート：最高裁判所事務総局
(5) 千葉県政に関する世論調査（第 31 回）：千葉県総合企画部
(6) 八王子市政世論調査（第 37 回）：東京都八王子市
(7) 読売全国世論調査（毎月実施）：読売新聞
(8) 第 44 回衆議院議員総選挙についての意識調査：(財) 明るい選挙推進協会

出所）内閣府『世論調査年鑑』平成 18 年度より作成．

年度に実施された世論調査の一例をあげた．このうち，(2), (3), (5), (6), (7) が反復して実施されているものであり，(1), (4), (8) が社会状況や要請に応じて実施された調査である．また，(1)〜(4) が政府機関，(5)(6) が地方自治体，(7) が新聞社，(8) がその他の団体が実施したものである．

世論調査とは対照的に，公共性が低い点に特徴のあるのが，マーケティング調査である．企業等が市場動向を把握することを目的に実施する調査である．定義によれば，「商品（財，サービス，金融商品）の生産者あるいは提供者が，市場，製品，販売，流通，広告，消費者などに関する情報を収集・分析し，大量販売を成功に導くために必要な条件を洗い出す方法」とされる（『新社会学辞典』有斐閣）．具体的には，特定商品の保有率などの事実調査と商品嗜好などの意識調査からなっており，多くの場合，社会調査の手法がとられる．またビデオリサーチ，ニールセンが毎日実施している視聴率調査もマーケティング調査のひとつである．

以上のように，現在日本では社会調査やその周辺の幅広い調査が実施されている．本章であげただけでも調査主体は，国，地方自治体，学術団体（学会など），新聞社やテレビ局などのマスコミ，調査会社など多岐にわたっている．こうしたなかで学術目的をもった社会調査が，固有の社会的公益性を明確にしておかねばならないことはいうまでもない．

第3章 いろいろな社会調査 ②：観察単位と分析単位

社会調査で知ろうとする現象には，就業行動や投票行動，消費行動のような個人の行為や行動，意識のほかに，集団の行為などもふくまれる．実際の社会調査は，個人を対象として実施するものばかりではない．夫婦やネットワーク，あるいは特定の組織や制度が観察対象となる場合もある．また，観察対象となる単位と分析単位も必ずしも同一ではない．＜国勢調査＞のような世帯単位に観察し，分析では個人単位でカウントすることもある．本章では，調査の観察単位と分析単位に着目して，社会調査の分類をこころみよう．

3.1 個人を観察単位・分析単位とするデザイン

一般的にイメージしやすい社会調査は，個人を観察対象にしたものである．しかしその場合にも，個人のどの属性に注目するかは異なっている．注目する属性によって調査研究における母集団が確定される（母集団の確定についてはブックレット3を参照）．大規模な全国確率標本調査（たとえば，＜社会階層と社会移動に関する全国調査＞（SSM）や＜全国家族調査＞（NFRJ），＜日本版総合的社会調査＞（JGSS），＜国民性調査＞など）では，特定の属性に注目するのではなく，20歳以上の日本人全体といった母集団となる．それ以外の場合，通常は，個人の属性に注目した母集団設計となる．

たとえば,「大学生の社会意識調査」を実施するとしよう. この場合,「大学生」という社会的地位に着目して,その意識構造にみられる特性を描くことが目的となる. 大学生という条件がコントロールされて,大学生全体の特性とともに,学部や性別,学年による違いが記述されることになる. さらに,大学生全体の特性を記述する場合には,「大学生」以外の,たとえば,同年齢の「若者」の意識構造に関するデータがあって,それとの比較対照ができることが望ましい.

一般的にわれわれが実施する調査の多くは,この種の調査である. たとえば,＜新入社員の働くことの意識調査＞（社会経済生産性本部）は,1969 年から毎年実施されている継続調査である. 近年の傾向として 3 点の傾向が指摘されている. 第一に「終身雇用制の後退を背景とする『就社から就職へ』という傾向」,第二に「就職活動の情報源としてインターネットが広く利用されていること」,第三に「職業生活と私生活との双方をバランスよく充実させたいという意向」である（社会経済生産性本部 2005）. こうした知見は,40 年近く同一デザインの調査を反復することで,はじめて把握できるものである.

また特異な経験をもつ者を対象にした調査も多くある. 筆者が参加している＜炭砿労働者の閉山離職とキャリアの再形成調査＞は,1971 年の常磐炭砿閉山で職を失った炭砿労働者全員を対象としたものである. 閉山から 30 年を経た後に追跡調査を行い,閉山後どのように職業キャリアを再形成したのかを,面接調査を中心に全員について観察した. むろんすでに死亡している対象者も多いが,表 2 のように,死亡情報を含め追跡率は職員で 93 ％,砿員で 89 ％に達する（正岡ほか 2007）.

このように注目する属性は,その学術的目的に応じて幅広くなる. 以下,表 3 にそのいくつかをあげておこう.

表2 炭砿労働者の閉山離職とキャリアの再形成調査 追跡面接調査実績

	総数	追跡完了				追跡率	追跡不能	
		調査終了 有効	無効	死亡	不能		所在不明	長期不在
総計	4,625	1,461	27	1,596	894	86 %	457	189(14)
砿員	3,818	1,279	23	1,292	790	89 %	288	146(11)
職員	391	148	1	149	65	93 %	21	7(7)
その他	416	34	3	155	39	56 %	148	37(44)

出所）正岡ほか 2007,『炭砿労働者の閉山離職とキャリアの再形成』Part X より．

表3 社会調査で注目する個人属性の例

年齢：若者，40歳代，高齢者など
性別：女性，男性
結婚上の地位：未婚者，有配偶者，死別者，離別者など
就業状態：有職者，定年退職者，求職者，フリーターなど
社会的地位：大学生，大学院生，サラリーマン，専業主婦，有子者など
居住地や国籍：日本人，首都圏在住者，山間部在住者など
特定の経験：育児休業取得者，単身赴任経験者，震災罹災者など

3.2 関係や組織・集団を観察単位・分析単位とするデザイン

　個人のみならず，特定の関係にある2者を同時に観察することも可能である．たとえば，夫婦のそれぞれにインタビューして，夫婦関係を評価してもらうという調査デザインも考えられる．この場合は，観察するのは夫と妻それぞれであるが，注目するのは夫婦関係（ペア）の質であり，分析はペアでなされる．具体的には回答における夫婦の一致度などが分析される．

　たとえば，図4にあるように，一組の夫婦を対象に，それぞれに調査を実施する．妻に対して「あなたはご主人に対して，どのような役割

妻（期待）　　　　夫（認知）

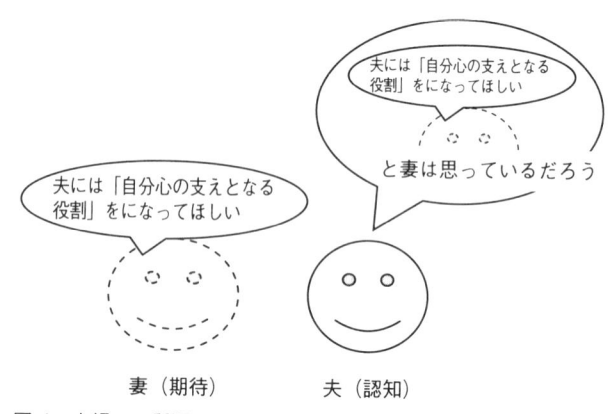

図4　夫婦ペア質問のイメージ（ニッセイ基礎研究所 1994 の例）

を求めていますか？」と期待をたずね，夫に対しては「奥さんは，あなたにどのような役割を求めていると思いますか？」と認知をたずねる．その役割のひとつである「自分の心の支えとなる役割」が選択されているかをみよう．夫婦の回答をペアで分析すると，「認知・期待ともない」「夫が認知していて，妻も期待している」「夫は認知しているが，妻は期待していない」「夫は認知していないが，妻は期待している」の4つの組み合わせがあらわれる．図5のように，1993年に実施した首都圏に住むサラリーマン夫婦では，23％がこの役割を「夫が認知していて，妻も期待している」が，他方で14％は「夫は認知しているが，妻は期待していない」，23％は「妻は期待しているが，夫は認知していない」ペアであった（ニッセイ基礎研究所 1994）．この役割については，4分の1の夫婦で妻の期待が夫に伝わっていないことがわかる．このような夫婦ペアのほかには，親子など双方から情報を収集するデザインが可能である．

また，2者関係にとどまらず，より広い関係性やネットワークを観察するデザインもある．夫婦の友人ネットワークを調べた画期的な調査研究のひとつに，1950年代にイギリスで実施されたものがある．E. ボッ

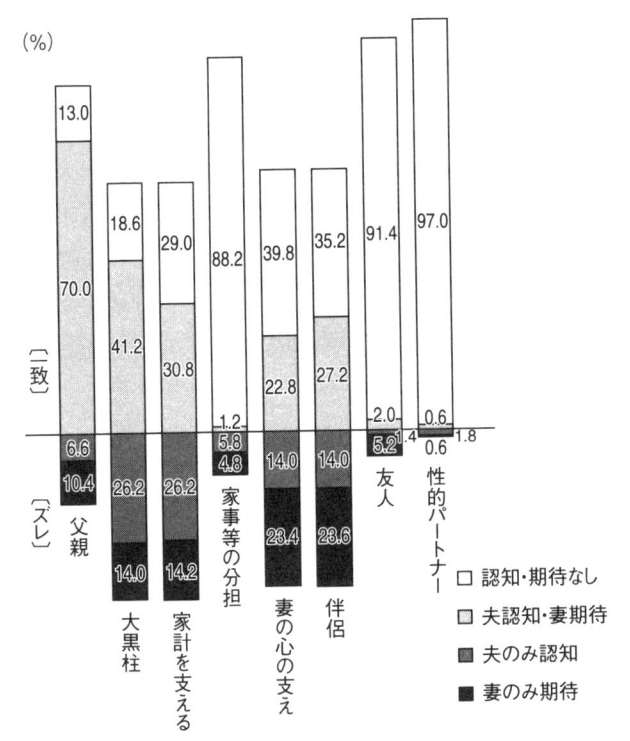

図5 夫役割の認知・期待の夫婦間一致状況

	父親	大黒柱	家計を支える	家事等の分担	妻の心の支え	伴侶	友人	性的パートナー
認知・期待なし	13.0	18.6	29.0	88.2	39.8	35.2	91.4	97.0
夫認知・妻期待	70.0	41.2	30.8		22.8	27.2	2.0	0.6
				1.2				1.4/1.8
夫のみ認知	6.6	26.2	26.2	5.8/4.8	14.0	14.0	5.2	0.6
妻のみ期待	10.4	14.0	14.2		23.4	23.6		

〔一致〕／〔ズレ〕

出所) ニッセイ基礎研究所 1994，図4.33を転載．

トは，著書『家族と社会的ネットワーク』(1957) のなかで，東ロンドン地区の労働者夫婦に焦点をあて，それぞれがもつネットワーク自体を観察している．この場合には，妻と夫を中心として広がる友人ネットワークをとらえ，その内容と夫婦の役割分離度との関連を分析している．ネットワーク調査では，ボットの調査研究のように特定の個人に焦点をあてて，その広がりを観察するという接近方法（エゴセントリック・ネットワーク）と，特定の範囲のネットワーク全体を観察するという接

近方法(ソシオセントリック・ネットワーク)とがある.後者の方法は,実際の観察は非常に複雑になり,ある種実験的な方法がとられることが多い(S. ミルグラムの伝説的な実験「小さな世界」技法など).

さらに,拡大して,組織や集団を観察単位・分析単位とする調査もある.前章で紹介した暴走族の調査も暴走族という組織・集団を対象にしたものであった.このほかにも,宗教集団の研究や,家元制度の研究などがある(表4).この場合には,参与観察にもとづく事例調査がありうる.なかでも宗教集団に関する調査研究は,多くの調査が蓄積されている.

表4 いろいろな観察対象の例
```
村落集団
町内会
宗教集団
家元制度
学級
大学のカリキュラム
新聞の訃報欄
新聞の人生相談
企業の人事管理制度
```

3.3 観察単位とカテゴリー

さて,観察単位がそのまま分析単位になるとはかぎらない.さきほどの夫婦ペアの分析でも,観察するのは一組の夫婦の夫と妻それぞれである.しかし,分析では単位は,夫の回答と妻の回答を組み合わせた夫婦となる.同じような分析枠組みには,階層論で利用される世代間移動に関する研究例がある.父親と子どもの学歴や職業の組み合わせをデータ化して,世代間で上昇,同水準,下降といったタイプ分けするという研

究である．上昇タイプの出現率が高いと，高学歴化が個々の父子関係にもみられることになる．

この場合には，観察自体は子どもか父親のどちらかのみで十分である．しかし，ここで注意しなければならないのは，親子関係では，観察を親側からする場合と子側からする場合とで，同じ情報になるわけでない点である．図6のように，父から観察すると子どもの人数に応じて親子関係は複数になりうる．それに対し，子から観察すると父との親子関係は一組に特定される．同様なことは，同じカテゴリー（たとえば，子，きょうだい，友人など）に複数人が含まれる可能性がある場合にあてはまる．網羅的に観察するのか（この例での父），特定の関係に焦点をあてて観察するのか（この例では子）を決める必要がある．

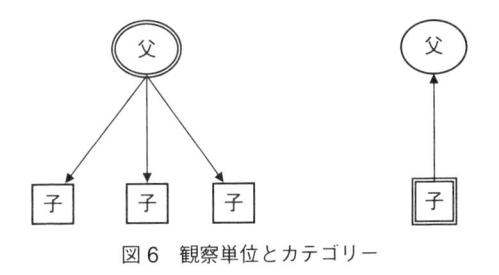

図6　観察単位とカテゴリー

社会調査は，現時点での行為の実態や意識をたずねるばかりではない．過去の行為を報告してもらったり，または未来について予測してもらうなど，時間幅も多様に広がりをもつ．過去について遡って情報を得るためには，現時点での実態調査よりも配慮を含んだデザインが求められる．たとえば，正確に記憶を呼び起こすための補助用具を準備したり，整理するためのカレンダーを用意するなどが考えられる．観察の時間幅とデザインについては，本シリーズ3で学習する．

このように，社会調査の具体的な観察単位や分析単位は，多様なデザインをとりうる．しかし，共通しているのは，観察においては，調査票

やインタビューなどをとおして，観察対象に対して刺激を与え，それへの反応として，情報を得るという方法が採用されていることはまちがいない．社会調査を学ぶ場合には，まずその基本的な方法を身につけることが肝要である．

第4章 社会調査における心構え：調査者の倫理

4.1 「社会調査は社会迷惑である！」の認識から出発しよう

　具体的な調査設計に話をすすめる前に，社会調査を実施するにあたっての心構えと今日的環境について学習しておこう．社会調査は，われわれがいだく「この社会現象はどうして発生したのだろう」といった知的欲求を充足するためのひとつの手段である．社会調査はそれ自体，学術的目的をもった行為であるが，他方で，対象者となる他者を巻き込む行為である．学術的目的を共有しない者にとって，調査を依頼され，それに協力することは，自発的な社会貢献それも押し付けられた社会貢献にすぎない．対象者は，物理的な時間，エネルギーを費やすだけでなく，提供した情報がどう利用されるのかについてもリスクをともなうというコストを抱えることになる．いってみれば迷惑な話である．われわれは，社会調査を実施するにあたって，「社会調査は社会迷惑である！」の認識から出発することが必要である．そのために，われわれは調査リテラシーを身につけなければならない（稲葉 2004）．

　しかし，すでに私たちの社会は，社会調査や統計調査によって，私たちが生活する日本社会について新たな発見や説明付けがなされていることを知っている．社会調査や統計調査は，**社会的公益性**あるいは，対象者自身の利益につながることになる．それゆえに，社会成員として，

調査に協力する必要性を認識している（私利私欲のための調査には多くの人は協力しないだろう）．とはいえ，そのためには，社会調査の公益性が広く知られることが重要である．では，調査における社会的公益性とはどんなことだろう．これを明示することは難しい．たとえば，統計調査であれば，毎月末に実施される＜労働力調査＞を用いて，完全失業率という経済指標が算出され，公表されることは，その社会的公益性の一例である．これを用いて経済施策等が検討され，政策決定への貢献ともなる．

学術的調査においては，目に見える形での社会的公益性を，即時的に提示することは不可能に近い．しかし，近年の傾向では，目に見える社会的公益性が強調されている．結果の公表においては，報告書よりも新聞やプレスリリースすることで，結果が世の中に出ていき，議論の材料となることが，一般に求められているようだ．

4.2 調査における人権の尊重とプライバシーの保護

われわれは，調査において情報収集者，情報提供者，情報保管者，情報利用者という立場にたちうる（図7）．このうち，**情報収集者**は，調査を企画・実施する主体である．**情報提供者**は，いうまでもなく対象者である．そして，情報保管者，情報利用者は，収集された情報を管理し，利用する立場であり，情報収集者と同一人やグループの場合もあれば，別人・別グループの場合もある．

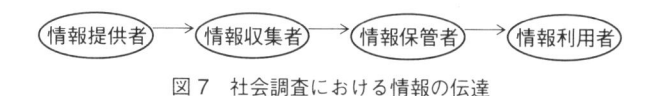

情報提供者 → 情報収集者 → 情報保管者 → 情報利用者

図7 社会調査における情報の伝達

第4章 社会調査における心構え:調査者の倫理

　ここではまず，情報収集者が情報提供者に対していかなる心構えで臨むべきかについて考えてみよう．情報収集者が提供者にとるべき配慮は，もっとも重要であり，かつ決してたやすいものではない．たとえば，日本社会学会は2005年10月に「**日本社会学会倫理綱領**」を策定している（全文は巻末付録に掲載）．そこでは，社会学の研究・教育および学会運営にあたって依拠すべき基本原則と理念が定められている．そのねらいの項には，社会学の社会的影響について以下のように記されている．「社会学の研究は，人間や社会集団を対象にしており，対象者の人権を最大限尊重し，社会的影響について配慮すべきものである」（傍点は引用者による）．そして，社会学の教育・指導においても倫理的問題について配慮すべきとしている．以下は，その心構えに関する規定である．

　「プライバシーや権利の意識の変化などにともなって，近年，社会学的な研究・教育に対する社会の側の受け止め方には，大きな変化がある．研究者の社会的責任と倫理，対象者の人権の尊重やプライバシーの保護，被りうる不利益への十二分な配慮などの基本的原則を忘れては，対象者の信頼および社会的理解を得ることはできない．会員は，研究の目的や手法，その必要性，起こりうる社会的影響について何よりも自覚的でなければならない」（傍点は引用者による）．

　具体的には，「第3条〔プライバシーの保護と人権の尊重〕社会調査を実施するにあたって，また社会調査に関する教育を行うにあたって，会員は，調査対象者のプライバシーの保護と人権の尊重に最大限留意しなければならない」と規定している．この倫理綱領は，日本社会学会会員を対象にしたものだが，社会学を学習する学生諸君もこの倫理綱領に依拠した社会調査を行うことが必須である．

　このように，情報提供者に対しては，**人権の尊重**と**プライバシーの保護**，被りうる不利益への十二分な配慮の3点が重要である．人権の尊重という観点では，調査において，対象者を被験者として物的に扱うこと

などは，十分に配慮しなければならない．また，逸脱行為といった社会的暗数とされる現象やマイノリティグループを観察する場合には，より慎重になるべきである．たとえば，「いじめ」の実態を知るための調査などは，慎重を期さなければならない．これは学校でのいじめだけでなく，職場でのハラスメントなどにもあてはまる．加害の部分と被害の部分，いずれにしても回答しにくいものであり，また，問われることで不愉快なことを思い出すという苦痛を強いることになる．さらに，回答内容が公表されることで，不利益を被ることも大いにありうる．中学校の教室で，「タバコをすったことがありますか？」という質問をすることも同様である．調査によって苦痛を受けてはならない．

しかしながら，そういった社会規範からみて負の事柄ばかりでなく，調査者の側が「標準的」と判断するような事柄も，受け手によっては触れられたくない事項の場合がある．たとえば，子どもをもっていない有配偶女性に，「いつごろ子どもをもつつもりですか」「子どもを何人もつつもりですか」「なぜ子どもをもたないのですか」などと尋ねるのは，その人の事情によっては，不快な思いを抱かせることになる．調査者は，質問内容についてつねに深慮しなければならない．

そして，もちろん，対象者には調査への協力を拒否する自由が保障されなければならない．

日本社会学会では，その後 2006 年 10 月には「**日本社会学会倫理綱領にもとづく研究指針**」と題して，具体的な研究指針を 8 事項にわたって例示している．そのうちの冒頭 3 項は社会調査を直接規定する項目となっている．「1. 研究と調査における基本的配慮事項」としては，具体的に 9 項目があげられ，詳細な配慮内容が指示されている．①研究・調査における社会正義と人権の尊重，②研究・調査に関する知識の確実な修得と正確な理解，③社会調査を実施する必要性についての自覚，④所属研究機関の手続き等の尊重，⑤研究・調査対象者の保護，⑥結果の公

資料1　日本社会学会倫理綱領にもとづく研究指針　研究・調査対象者の保護

(5) 研究・調査対象者の保護
　対象者の保護に関しては次のことに留意してください．
a. 研究・調査対象者への説明と得られた情報の管理
　　対象者から直接データ・情報を得る場合，収集方法がいかなるものであろうと，対象者に対し，原則として事前の説明を書面または口頭で行い，承諾を得る必要があります．(a) 研究・調査の目的，(b) 助成や委託を受けている場合には助成や委託している団体，(c) データ・情報のまとめ方や結果の利用方法，(d) 公開の仕方，(e) 得られた個人情報の管理の仕方や範囲などについてあらかじめ説明しましょう．とりわけ，なぜ対象者から話を聴くのか，対象者から得た情報をどのように利用し，またどのように個人情報を保護するのか，などの点について，わかりやすく丁寧な説明をこころがけましょう．特にデータ・情報の管理については，具体的に保護策を講じ，それを説明する必要があります．場合によっては，調査対象者から同意書に署名（および捺印）をもらうことなどを考慮しても良いでしょう．
b. 調査への協力を拒否する自由
　　このような丁寧な説明を試みても，調査対象者から調査の協力を断られる場合があります．協力してもらえるよう誠意をもって説得することが重要ですが，同時に対象者には，原則としていつでも調査への協力を拒否する権利があることも伝えておかなくてはなりません．
　　調査者は，対象者には調査を拒否する権利があることを明確に自覚していなければなりません．
c. 調査対象者への誠実な対応
　　いかなる場合にも，対象者に対する真摯な関心と敬意を欠いた研究・調査をしてはならないということに留意してください．
　　特に研究・調査対象者から当該研究・調査について疑問を出されたり，批判を受けた場合は，真摯にその声に耳を傾け，対象者の納得が得られるよう努力してください．行った研究・調査の成果を守ろうと防衛的になるあまり，不誠実な対応になることは許されません．

表，⑦データの扱い方，⑧教員による指導の徹底，⑨謝礼の扱い方である．原文を巻末に転載したので，一読されたい．

　このうち，ここでは，⑤研究・調査対象者の保護の項目をみていこう．その内容は以下の資料1となる．また「2. 統計的量的調査における配

慮事項」ならびに「3. 記述的質的調査における配慮事項」についても目をとおしておくとよい.

上掲の配慮事項にもあるように，調査実施にあたっては，情報提供者との間に**インフォームド・コンセント**（説明と同意）が成立していることが重要である．場合によっては，配慮事項 a. 末尾にあるように，取り決め内容を文書化し，先方からの同意書をとりつけることも手段のひとつである．

4.3 「とりあえず調査してみよう」の姿勢は危険！

くりかえしになるが，社会調査は，情報提供者に負担を課す行為にほかならない．ボランタリーに協力してもらうためにはどうしたらよいか．そのためには，きちんとした設計が必要である．「テキトーに調査票をつくって集めればいいや」ではいけない．また，興味本位で調査をすすめることは避けねばならない．社会的公益性の観点からみても，避けるべきであることはいうまでもない．

対象者との間に適切な関係を成立させるためには，以下の4点を心がけるとよいだろう．

① 調査の目的と意義を理解してもらう（具体的にはインフォームド・コンセント）．
② 調査に回答しやすい環境を整える（調査のタイミングや調査の要する時間など）．
③ 情報提供に対する安心感を与える（情報管理方法の提示と理解，誠実な対応，友好的関係（ラポール）の確立など）．
④ 提供された時間・エネルギーに対して何らかの報酬を提供する（謝礼，報告書の提供など）．

2007年に早稲田大学第一文学部社会学演習クラスで「企業社会の変動とサラリーマンのライフコース調査」を実施したが，その際には，ずいぶん苦労した．ライフコース調査は，個人の履歴に関する情報を多く提供してもらうことになるが，そこへの配慮が調査主体である私と対象者との間で必ずしも一致していなかった．当方の認識不足がある種露呈した部分もあり，大いに反省した．そうした不安を排除するために，インフォームド・コンセントの方法を，対象者の方にも協力していただき模索し，なんとか実施することができた．そのひとつは，収集後の情報管理体制に関して情報を提示し，かつその体制での管理を徹底することならびに調査票の廃棄（この場合は，溶解処理）後にその報告をすることを調査実施前に誓約するというものであった．

また，情報収集者内部でも倫理が必要である．メイキングをしないこと，エディティングをきちんとすること，作業負担を平等にすることなどについてあらかじめ取り決めておくとよい．とりわけ研究グループの規模が大きい場合には重要である．研究グループ内での取り決めについては，本書第6章で調査設計を学習する際にふたたび言及する．さらに，社会全体に対する倫理として，調査結果の社会的還元をどのように進めるかの基本姿勢をただしておくことも忘れてはならない．この点は，本書第8章で具体的にとりあげる．

あらためていうまでもないが，調査を企画・設計する場合には，対象者の立場で考える姿勢を忘れてはならない．つねにその姿勢を維持することは難しいが，節目ごとにこの姿勢に立ち返ることが求められる．

第5章 社会調査をめぐる今日的環境

前章にひきつづき，社会調査を具体化するにあたっての心構えを学習する．ここでは，とりわけ今日的課題となっている事項を整理しておく．現在，社会調査をめぐる環境は，それを促進する作用力とそれを抑制する作用力という，相反する力の影響を受けている．それぞれを具体的にみていこう．

5.1 社会調査を促進する環境：情報化をめぐって

近年の情報技術の革新は，社会調査，なかでも統計的調査を促進する作用力をもっている．そのひとつは，大規模記憶容量と高速演算能力を備えたPC（パソコン）が普及したことがある．現在では，家庭のPC上でギガ級の容量をもつデータ処理さえ可能になっている．さらに，統計パッケージソフトや表計算ソフトが簡便になったことの効果も大きい．たとえば，SPSSといった統計パッケージの普及は，私たちに種々の統計的処理の可能性を拡大させた．これまでは，プログラムを組んで，大型計算機を走らせなければ不可能であった多変量解析が，パーソナル・コンピュータ上で，それもコマンド処理で行うことが可能になった．このことは，統計的調査をより身近なものとし，さらに統計的調査への依存を高める結果ともなっている．卒業論文などでも計量的な分析を中

心とした研究も多くなってきている．そのためには，代表性のある調査データが必要になり，おのずと社会調査の実施が促されることになっている．

　また，インターネットの普及は，Web調査という新たな方法をもたらした．その簡便さは，社会調査の実施を促す作用力をもっている．Web調査は，調査票の配布・回収の効率化，データ加工の効率化という大きな利点がある．一方で，サンプリング，重複回答の回避など，独自の工夫を講じなければならない点も多数ある．喫茶室欄に，筆者が2007年に実施したWeb調査での回答数の分布を示したので，参照されたい．

　他方で，近年の情報環境の整備は，数値信仰ともいうべき傾向をさらに助長するという弊害があることも否めない．すなわち，「きちんとしたデータなしに社会を語るな！」という極端な姿勢である．確かにありもしないことがまことしやかに流布され，社会的事実として認識されることほど怖いことはない．しかし同時に，「数字にだまされるな！」という姿勢も重要である．テレビの情報番組では，番組スタッフが恣意的に声をかけたサラリーマンらしき男性100人の回答をグラフなどで図示しながら，まことしやかに「都内に住むサラリーマンの40％が今年のNo.1商品に選びました！」と伝えている．こういった場面をみて「へぇ．すごい商品なんだ！」と感心する人が多いにちがいないが，「都内に住むサラリーマンって本当に代表性のある人たちを調査したのかなぁ」といった疑問もうかぶ．社会調査を学習した諸君は，こうした誤った調査を見抜く眼力を身につけてほしい．

☕ 喫茶室

紙媒体の調査票がないことの影響？

　Web調査は，インターネットに慣れた対象者であれば，自記式調査においては，紙の調査票を利用する場合よりも，回答負担が少ないと考えられている．しかし，他方で，紙の調査票がないことは，調査への関心を持続させることが困難である．目の前に封筒に入った調査票があれば，なんとなく気になって「回答しなくちゃなぁ」と意識させる．しかし，メールで依頼し，webで回答する場合には，意識を喚起する機会が少ないことは事実のようだ．

　たとえば，下の図は，筆者が2006年末から2007年初めにかけて実施した大学院生へのWeb調査（対象者数5,266）の累積回答数を日付順に示したものである．これをみてもわかるように，調査依頼直後には374票の回答があった．これは総回収数772票の48.4%を占める．その後回答は低調になり，1月10日に礼状を兼ねた督促メールを出したところ，直後に回答が集中し，結果772票の回答を得た．郵送調査の場合にも調査依頼当初と締め切り近くに投函される票数が多いが，これほどの集中はない．Web固有の反応といってよいだろう．より回収率を高めるには，督促をもう1回程度実施してもよいかもしれない．

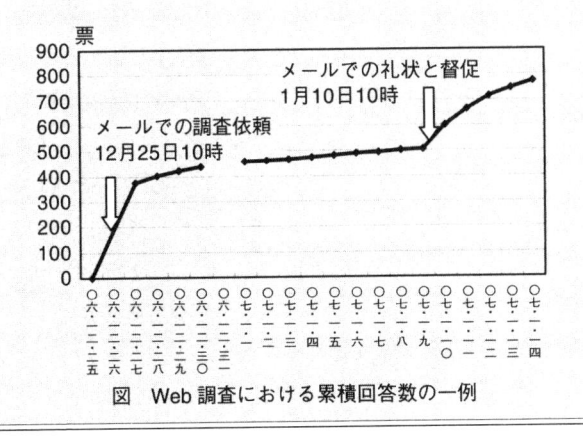

図　Web調査における累積回答数の一例

5.2 社会調査を抑制する環境：個人情報をめぐって

 他方で，社会全体の動きのなかには，社会調査を抑制する強い作用力をもっている事象もある．促進環境よりもこちらの抑制環境による影響の方が深刻である．その中心は，**個人情報保護**に関する意識の高まりである．人びとの不安は，「情報漏えいに関する不安」と「プライバシー侵害」の2点に集中している．この場合，個人情報とはどのようなことだろう．またそこからイメージされるものは何なのだろう．実は非常に混乱しているのが現状といってよい．混乱しているがゆえに，より不安感が増幅されているといってもよいだろう．社会調査は個人情報の保護とプライバシーの尊重の重要性という2点の強調による抑制作用に直面している．具体的には，第一にサンプリングの実施において深刻な困難を生じており，第二に，調査実施の場面でも協力をえることにおいて深刻な困難に直面している．

 特に社会調査を困難にしているのは，「**個人情報保護法**」とそれにともなう住民基本台帳閲覧制度の改正である．本シリーズ3でとりあげるように，調査対象者の選定（抽出）には，多くの場合，住民基本台帳を用いる．その利用が制限されることの影響ははかりしれない．「個人情報保護法」は2005年4月に施行された（内容は喫茶室参照のこと）．この法によって，地方自治体は住民基本台帳閲覧に対して，行政が保管する個人の氏名，住所，性別，年齢等の個人情報の，第三者への提供についての制限が課せられた．そこでは，それまでの「公開原則」から「原則非公開」へという大きな変更があった．そして，総務省の検討会をへて，2006年11月1日から住民基本台帳の閲覧制度が変更された．この閲覧制度では，住民基本台帳を閲覧できる場合を以下の資料2に示

したように，2つに特定している．このうち2項が社会調査にあてはまる．ただし，あくまでも公益性が高いものという限定がついている．その例で示されているように，「調査結果が広く公表され，その成果が社会的に還元されていること」によってその公益性が判断される．新たな調査を実施するにあたって住民基本台帳を利用するにもかかわらず，すでになんらかの成果が社会に還元されていることを条件づけられているのだ．つまり新規参入は認められないということになる．

資料2　住民基本台帳の閲覧制度（改正）における閲覧できる場合

(1) 国又は地方公共団体の機関が法令の定める事務の遂行のために閲覧する場合
(2) 次に掲げる活動を行うために閲覧することが必要である旨の申出がある場合
　・統計調査，世論調査，学術研究その他の調査研究のうち公益性が高いもの（例：調査結果が広く公表され，その成果が社会に還元されていること等）
　・公共的団体（例：社会福祉協議会等）が行う地域住民の福祉の向上に寄与する活動のうち公益性が高いと認められるもの　等

出所）総務省HPより転載．

　この問題がより複雑であるのは，地方自治体にその決定がゆだねられており，判断が自治体ごとに大きく異なることにある．全国確率標本を抽出する場合，100近い地方自治体に閲覧を申請することになるが，自治体ごとに対応が異なるゆえ，特定市区町村や都道府県ではまったく抽出（サンプリング）ができないという事態も発生している．その結果，無作為抽出（ランダムサンプリング）ではなく，抽出された調査区の地図上で建物を無作為抽出する「エリアサンプリング」という方法が，代替的にとられることが多い．

　学術的な立場から，この問題への見解も示されている．日本学術会議では，以下のような見解を示している．「プライバシーの尊重が強調されるのにともなって，行政機関などの保有する各種の資料の閲覧など

が，学術調査に対してもきわめて慎重になってきていることが，いま一つの問題である．また，プライバシーの強調から，調査対象者との信頼関係の構築においても極めて厳しい状況が生じており，多くの調査において回収率の低下が顕著になってきている．このような状況は，社会調査に基づく研究の精度を危うくするものであるだけに，学術調査に対する人びとの理解を求めることの重要性が強く感じられる」(2005年8月「学術調査と個人情報保護 ―住民基本台帳閲覧問題を中心に―」p.3).

　たとえば，大阪商業大学と東京大学が2000年から原則毎年実施している＜日本版総合的社会調査＞（以下＜ JGSS ＞）は，日本人の意識や行動に関する総合調査である．全国確率標本で抽出された20歳から89歳の男女8,000人（2006年）を対象に毎年10月に実施している．2000年開始時点から2006年までの回収率の推移をみると，表5のように，漸減している．特に個人情報保護法が施行された2005年には50.5％にまで落ち込んでいる．JGSSでは，個人情報保護についての取り組みに関する基本方針をまとめ具体的に提示するなど対応を工夫しているが，なかなか理解は得られないようだ．しかしそれでも，2006年には6割近くにまで回復している．

表5　JGSS回収率

2000年	64.9 %
2001年	63.1 %
2002年	62.3 %
2003年	A票 55.0 %　B票 48.0 %
2005年	50.5 %
2006年	A票 59.8 %　B票 59.8 %

注：JGSSのwebサイトから引用．すべて
正規対象のみから算出した回収率．
2004年は実施されていない．

日本世論調査協会によれば，政府機関の実施する世論調査においても

回数率は 50 %台となっている. 実際, 第 2 章で紹介した『世論調査年鑑』（平成 18 年度）によれば, 平成 17 年度に実施が報告された 1,218 の世論調査では, 平均回収率が 53.4 % にとどまっている（内閣府 2006）. さらに, 44 %にあたる 540 ケースが回収率 50 %未満であった. これを標本抽出法別にみると, 全数調査 85 ケースでは 65.9 % と高いが, 全体の多数を占め（977 ケース）, かつ統計的根拠をもつ無作為抽出の場合には 51.3 % にとどまっており, 事態はきわめて深刻である. また, ＜国勢調査＞のように, 回答義務をともなう統計法にもとづく統計調査でも, 回収がかなり困難な場合があるようだ.

　さらに, 回収率の低下には, 個人情報保護とは別な今日的環境も影響している. ひとつは単身世帯の増加により, 調査員が対象者と接触できないこと, とりわけ若年者の場合に顕著である. また, 住宅条件では, オートロックマンションの場合に, インターフォン越しに十分な説明ができないまま拒否されてしまう確率が高い. 人びとの暮らし方や住宅のあり方も, 社会調査の実施状況を左右する重要な環境要因である.

喫茶室

個人情報保護法(「個人情報の保護に関する法律」)とは

個人情報保護法の概要を知っておこう.この法は,「高度情報通信社会の進展の下,個人情報の流通,蓄積及び利用の著しい増大にかんがみ,個人情報の適切な取扱いに関し基本となる事項を定めることにより,個人情報の有用性に配慮しつつ,個人の権利利益を保護することを目的とする」もので,平成15年5月制定,平成17年4月施行された.

この法律では,個人情報とは「生存する個人に関する情報であって,個人が識別可能なもの」と広く定義されている.基本理念として,「個人情報は,個人の人格尊重の理念の下に慎重に取り扱われるべきものであり,その適正な取扱いが図られなければならない」が掲げられている.

具体的には,公的部門の責務と施策を規定したうえで,民間部門における個人情報取扱事業者の義務を7項目規定している.その際の基本原則は,以下の5点である.(1)利用目的による制限(個人情報は,その利用目的が明確にされるとともに,当該利用目的の達成に必要な範囲内で取り扱われること),(2)適正な方法による取得(個人情報は,適法かつ適正な方法によって取得されること),(3)内容の正確性の確保(個人情報は,その利用目的の達成に必要な範囲内において正確かつ最新の内容に保たれること),(4)安全保護措置の実施(個人情報は,適切な安全保護措置を講じた上で取り扱われること),(5)透明性の確保(個人情報の取扱い(個人情報に関する様々な行為であって,その利用等を含む.)に関しては,個人情報において識別される個人が適切に関与し得るなどの必要な透明性が確保されること).

同法は義務規定はあるが監査機能はなく,個人が苦情を訴え出る以外には具体的な保護対策はなされない点が問題視されている.他方で,個人情報への注意喚起の意味合いが強いとの指摘もある.

第6章 調査を設計・企画しよう

6.1 先行研究のレビューからはじめよう

具体的な調査の設計と企画について学習しよう.「まず調査ありき」と考えるのはよくない.再三ふれているように,社会調査は万能な道具ではない.また社会に迷惑をかける行為でもある.すでに,知りたい情報に関する調査が実施されているのであれば,大いにそれを活用する方が望ましい.その活用の仕方(二次分析)については,次の第7章でとりあげる.調査を実施するか否かを判断する過程は,図8のとおりである.

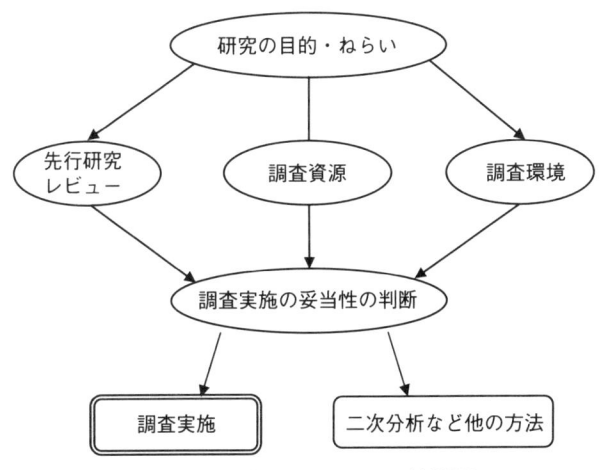

図8 調査を実施するか否かの判断過程

まず重要なことは、本当に新たな調査が必要であるか否かの検討である。次章でとりあげるように、「調査しない」ことも重要である。われわれが関心をもっているテーマについては、たいていの場合、他にも同様の関心をもっている人がいる。そして、多くの場合、すでに、そのテーマについての調査が実施されている。まったく新しい、世界で初めての調査というのはほとんどないといってよい。それゆえ、われわれは、社会調査を企画しようとする場合に、必ず先行研究をレビューしなければならない。どこまでが明らかになっているのか、またどのように観察して、どのような結果が得られたのかを、丁寧にレビューし、ノートする必要がある。この作業は、非常に手間のかかる作業であるが、同時に、われわれが観察しようとする社会的事実についての新たな知識をもたらしてくれる。ともすると、その事象についての関心が強ければ強いほど、われわれは近視眼的思考に陥ってしまう。「思い込み」をもった調査は、事実を見誤る危険がある。理論的研究のみならず、調査研究においても、先行研究を広くレビューすることは、きわめて重要な作業である。また、この作業は、グループですすめると効率的である。この作業では、図9のように、当該調査研究において、理論とデータ、方法がどのような関係にあるかに焦点をあてるとよい。

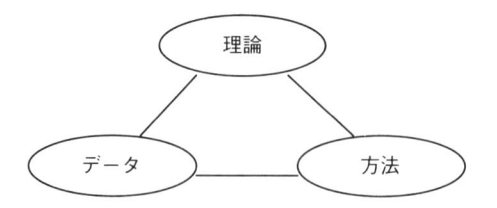

図9 社会調査研究における理論とデータと方法の関係

この作業では、方法や結果だけでなく、調査票自体も参考になる。どのような質問をした場合にどのような回答を得たのか、その質問が妥当

なものであったのか，などの視点からの批判的な検討を重ねることも重要である．具体的には，調査目的，調査対象，調査実施方法（対象者の選定方法，実査方法，実施時期，実施主体），調査項目，調査票，結果についてデータベースを作成することを薦める．とりわけ，調査項目については，大項目・中項目・小項目水準の把握と，場合によっては調査票での質問文や選択肢に関するデータベースも作成しておくとよい．質問文や選択肢は，すべてオリジナルなものを利用する必要はない．すでに利用されている質問項目に有用なものがあれば，それを先行調査から借用してもよい（もちろん借用の許可を得なければならない）．先行調査で使われた項目であれば，その結果と比較対照することが可能になる．これは調査結果の活用としても有益な行為である．

　先行研究のレビューと並行して，利用できる調査資源を確認し，さらに調査環境を整えておくことが必要である．まず調査資源からみておこう．調査資源には，資金，時間，エネルギー（マンパワー）がある．社会調査にどれくらいの資金が必要かは，調査方法や，動員できるマンパワーなどによって大きく左右される．大規模な調査であれば，文部科学省などから研究費の助成を受けて実施することになる．全国調査では，多くの場合，実査については専門の調査会社に委託する形で実施する．全国に調査員を抱える調査会社に委託し，短期間に効率的に調査を実施することになる．反対に，小規模な調査の場合には，個人研究費や学生の演習費などを拠出して実施することもある．その場合には，むしろ学生や大学院生のマンパワーへの期待が大きくなる．調査にあてられる時間についても検討すべきである．年度内に予算を執行しなければいけない，報告書を刊行しなければいけないなど，主として予算執行との関連から時間が制限される．その場合に，報告書刊行までを調査期間として目測しておいたほうがよい．

6.2 「なぜ今調査するのか？」に答えられなければいけない

調査を実施するにあたっての環境については，周囲から理解と協力を得られるかを判断することになる．その重要な側面がタイミングである．調査には適切なタイミングが求められる．早すぎてもいけないし，遅すぎてもいけない．調査のタイミングは，いくつかの側面から計られる．1 年間のスケジュールのなかでのタイミングもあれば，観察する事象の進展度合いにおけるタイミングもあり，また突発的な事件や，特定のイベントとのタイミングもある．

まず，年間スケジュールでは，人びとの移動（就職・転職・転勤などの地位や身分の移動，地域移動など）が発生しやすい年度末や年度初めは避けたほうがよいだろう．家計や収入をたずねるのであれば，ボーナス時期にあたる 6 月や 12 月も避けるのが賢明だろう．そのほか，正月やお盆などの休暇中も，拒否率が高くなる可能性がある．このように考えていくと，調査に適した時期というのは，5 月から 6 月にかけて，10 月から 11 月といったところになろうか．実際，『世論調査年鑑』（平成 18 年度）に報告された 1,218 調査では，6 月から 11 月にかけて各月 100 を超える調査が実施されている．この 6 カ月間に全体の 63 ％にあたる 764 ケースがあてはまる．また年間スケジュールではないが，国政選挙や地方選挙の時期も避けたほうがよい．

他方で，観察する事象の進展度合いという視点も重要である．たとえば携帯電話の利用状況などを全国サンプルでたずねる場合，1990 年代初めでは，早すぎて該当者がほとんどいなかったに違いない．むろん，先駆的な利用者にその利用状況をたずねるのであれば，意義は大きい．

また，＜住宅・土地統計調査＞では，住宅に水洗トイレがあるかを戦

後一貫してたずねてきたが，この項目も普及率が 95 ％を超えた現在では，すでに不要であろう．つまりえられた情報が変数とならないので利用できない．

ライフステージでは，新入社員に対して定年後の過ごし方を聞いても，現実的には考えられないだろう．特定のイベントとのタイミングの典型例は，投票行動に関する調査である．投票の直前と直後に同一人物に投票行動をたずねるというデザインがとられるが，この場合はそのタイミングを逸するとデータは意味を失う．余談になるが，投票行動調査は，国政選挙のうち衆議院選挙では，いつ解散・選挙となるか予測がつかないため，予算の獲得や準備などのスケジュールが非常に立てにくいという固有の課題をもっている．内閣支持率や政治に関する世論調査も，同様の問題をかかえている．突然の内閣総辞職などに対応できる体制を用意しておく必要がある．

また，災害調査も固有のタイミング問題を有する．深刻な災害の後に，その影響や復興の進展状況を把握することは，社会調査の重要なテーマのひとつである．実際，1995 年の阪神・淡路大震災の後にも多くの社会調査グループが現地に入り，調査を実施したが，テーマによってそのタイミングは異なっていた．

6.3 調査の設計・企画

社会調査を実施することが決まったならば，調査の目的や内容について設計し，具体的な企画をたてる段階へとすすむ．少なくとも以下の 15 項目については具体的に策定しておく必要がある．このうち，(2) 実施主体と資金は，調査の規模や内容を決定する重要な項目である．あらためていうまでもなく，学生や研究者がひとりで実施主体となる調査では，大規模なものは難しい．相対的に長い期間をかけて，特定のフィー

ルドでの聞き取り調査を実施するなど,きわめて明確,かつ限定的な内容の調査が適している.種別でいえば,量的調査よりも質的調査がより適しているといってよい.他方,学会や研究グループが実施主体となる場合には,比較的大規模な調査も可能である.(1)〜(5) までが調査全体の設計,(6)〜(8) が具体的調査の実施(実査),(9)〜(12) は実査後の作業,(13)〜(15) は結果の社会的還元の段階である.

これらの 15 項目は,時間幅があるが,調査設計の段階であらかじめ全項目について決めておくとよい.細部の修正の可能性を含んだ上で,着手の段階で全体像を確定しておくことは,調査実査でのインフォームド・コンセントにおいても必要である.さらに,その内容を,研究グループ全員で共有し,相互の理解に齟齬のないようにしておくことも重要である.

社会調査の設計・企画項目

〔全体の設計〕
 (1) 目的
 (2) 実施主体と資金(資源の確認)
 (3) 対象
 (4) 方法(調査項目)
 (5) スケジュール(調査全体の時間割)

〔実査〕
 (6) 実査時期
 (7) 実査実施主体
 (8) 実査方法(インフォームド・コンセントの方法を含む)

〔集計・分析〕
 (9) データ加工方法
 (10) データの管理体制

(11) 集計・分析方法
(12) 報告書の構成

〔結果の社会的還元〕
(13) 結果の公表方法
(14) 個票データの公開有無，方法，時期，範囲
(15) その他の社会的還元

6.4 データのライフサイクル

最後に，調査の企画段階から，その後の社会的還元までの具体的手順を整理した図 10 を紹介しておこう．これは，次章で紹介するデータ・アーカイブ ICPSR がガイドとして提供しているものである．

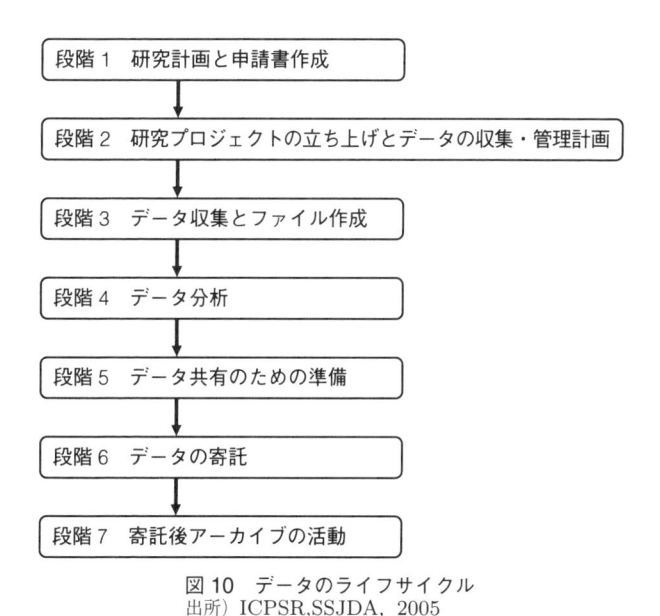

```
段階 1  研究計画と申請書作成
    ↓
段階 2  研究プロジェクトの立ち上げとデータの収集・管理計画
    ↓
段階 3  データ収集とファイル作成
    ↓
段階 4  データ分析
    ↓
段階 5  データ共有のための準備
    ↓
段階 6  データの寄託
    ↓
段階 7  寄託後アーカイブの活動
```

図 10　データのライフサイクル
出所）ICPSR, SSJDA, 2005

このサイクルをみるとわかるように，社会調査は，それを計画した段階から始まっており，その後データ収集や分析を経て，公共財として社会へ還元されていく．その生涯時間は，われわれが想像する以上に長期にわたるのである．実際，われわれは，1955 年の＜第 1 回 SSM 調査＞結果を現在でも大いに利用している．その影響力を考えるならば，初期の調査設計・企画段階の検討が慎重にすぎることは決してないだろう．

第7章 既存データを利用しよう

7.1 「調査しない」ことも重要！

　本書第4章でも指摘したように、社会調査は社会迷惑である。それゆえ、社会調査を実施するにあたっては、第6章で指示したように、先行調査をレビューし、既存調査で得られた情報で十分である場合には、「調査しない」という決断をしなければならない。「調査しない」ことも重要である。このことは、第一に重複調査の回避となり、対象者負担を減じるという直接的効果がある。調査回答者の協力をより効果的にすることにもつながる。

　しかしこれまで、既存調査データを外部の者が再利用することは多くの場合かなわなかった。しかし、近年、調査データを公共財として活用していく動きが急速に高まっている。本章では、こうした動きを整理し、具体的な利用方法について学習しよう。

　これまで調査を実施し、データを分析、研究し、報告書や論文で報告した後に、そのデータはそのままお蔵入りすることが多かった。二度と日の目をみることはなかったといってもよい。これを**データの死蔵**という。そのデータを再利用する場合でも、その調査実施にたずさわった者たちだけにとどまっていた。これを**データの私蔵**という。意外なことと思われるかもしれないが、＜ SSM ＞のような大規模な全国確率標本調査であっても、そのデータの再利用は、研究会メンバーのうちの一部に限られていた。それは決してケチであったわけではなく、そうした文化

自体がなかったといってよい.

こうしたなかで, 新たなデータ文化とよべる考え方が普及した. 以下の4点に整理できる.

新たなデータ文化

> ① 既存データが利用されないこと, あるいは不適切なデータが利用されることは, 社会的損害である (Lievesley, 1997).
> ② 回答者の負担を軽減すべきである.
> ③ データを公開することで, データの質が高められる.
> ④ 再現性 (replicability) を確保しなければならない.

①にあるように, ここでは社会調査のデータは, 社会的公共財として明確に位置づけるという認識が前提となっている. ①ならびに②は本書で再三指摘している点である. ここでは③, ④についてふれておこう.

「③データを公開することで, データの質が高められる」という点は, 理解しにくいかもしれない. 社会調査は情報収集者の意図・ねらいのもとでデータを収集し, 集計・分析を行い, 結果をとりまとめていく. しかし, そこで収集されたデータは, 異なる目的で利用することで, 新たな変数間の関連が見出されることが多々ある. その過程で, データの矛盾点やエラーなどが発見されることもある. 収集された情報は, むろん緻密なチェック作業を経てデータへと加工されていくが, 完璧なチェックはありえない. 多くの研究者が利用することで, データの精緻化が高められる機会が増していくのである.

「④再現性を確保しなければならない」という点についてもみよう. 次章で詳述するが, 調査の社会的還元のひとつに, 方法の公開という側面がある. どのようなデータを用いて, どのような技法を介して, その結果へたどりついたのか, その過程を明らかにすることは研究成果を評

価するうえで非常に重要である．しかし，研究者はともするとその手続きを公開したがらない．同じデータを同じ技法で分析した場合に，同じ結果にたどりつくということ（これが**再現性**）は，分析研究が科学的であるためには必須事項である．再現性とは，オリジナルな知見に対する検定，反論，推敲の可能性をさす．その第一をになうデータが公開されることは，再現性の確保にとって重要である．研究者は，成果を公表するにあたって，誰もがその研究が依拠したデータの複製ができること，そして測度の信頼性・妥当性の問題とは別に，推論過程を追跡できることを保証すべきである．これらの新たなデータ文化の普及によって，データの公開が促進されている．さて，公開されるデータは，第1章で整理したように，個票データ（ミクロデータ）とよばれ，調査から得られて分析用に第一次的加工をされた段階のものである．集計や分析がなされる前の状態のデータである．

7.2 二次分析

個票データを再利用することを，**二次分析**という．「研究者が自らの研究課題にむけ，既存の社会情報を再構築して行う分析・集計・加工作業」と定義できる．二次分析の意義は，以下の5点にまとめられる．すなわち，①オリジナルな研究者が導き出した結果の精確さの検定が可能，②データ収集せずに独自の研究課題への着手が可能，③最新データの分析が可能，④全国標本データの分析が可能，⑤若手研究者への実証研究の機会の提供である（嶋﨑 2001）．このうち⑤にあてはまる部分では，学部学生への教育においても大いに意義がある．たとえば第一文学部社会学演習では，JGSS データを用いた二次分析を学生に課し，彼らの分析技法の習得のみならず，社会学的想像力の鍛錬に役立っている（嶋﨑 2006）．

とはいえ，日本ではデータの公開や二次分析についての理解はなかなか進んでいない．その背景を整理すると以下の5点になる．①社会理論研究よりも実証研究の評価が低いという事実，②社会調査法やデータ解析についての教育の立ち遅れとデータ利用頻度の低さ，③調査実施者への評価が，二次分析研究に対する評価よりも高いこと，④公開によって受けるであろう調査方法，分析方法に対する批判への危惧，⑤調査自体がデータ公開を前提としていない，である（嶋﨑 2001）．

7.3 データ・アーカイブ

個票データなどの調査データを二次分析のために提供することを**データ公開**という．公開作業を専門に担う機関が**データ・アーカイブ**である．そこで公開されるデータが**アーカイブ・データ**とよばれる．データ・アーカイブの役割を整理すると以下の5点となる．

データ・アーカイブの役割

> (1) データ・資料の整理・保管（文書資料館）
> (2) データ・資料の公開
> (3) データ・資料の提供
> (4) データ・資料の利用成果の整理・保管
> (5) データ・資料の利用成果の公開

現在，日本や世界には多くのデータ・アーカイブが設立され機能している．データ・アーカイブは，運営母体や収集・保管データにおいてさまざまなタイプがある．たとえば，ICPSR (Inter-university Consortium for Political and Social Research) は，1962年にアメリカで設立されたアーカイブで，大学のコンソーシアム形態をとっている．早稲田大学も加盟しており，学生はこのアーカイブへデータ利用を申請することが

できる．ここで収集されているデータは，政治，社会，歴史，経済など社会科学全般にわたるテーマをカバーしており，むろん日本のデータも保管されている．学生や大学院生向けの統計学セミナーなども開催している．また EU には CESSDA（Council of European Social Science Data）という 1976 年設立のアーカイブがある．ここでは，EU 各国のデータを，データ種類ごとに分類して，加盟国が分担して保管する仕組みがとられている．このような大規模なアーカイブを中核的アーカイブということがある．各アーカイブの URL などは巻末の参考文献末尾に掲載してある．

さて，日本のアーカイブであるが，中核的アーカイブはまだ存在していない．第 2 章でみたように，官庁統計に関する統計データ・アーカ

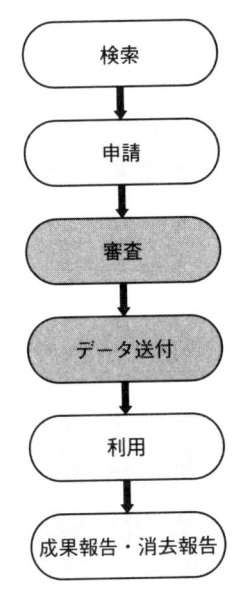

※網掛け部分は SSJDA の作業となる．

図 11　SSJDA でのデータ申請手順

イブが設立されたならば，相当に規模の大きなアーカイブとなるだろう．現在，社会科学で中心的なアーカイブは，SSJDA（Social Science Japan Data Archive）である．このアーカイブは，東京大学社会科学研究所附属日本社会研究情報センターに1998年に設立された．歴史は浅いが，社会調査個票データを精力的に収集し，保管，提供している．さきほど紹介した筆者が実施している演習でのJGSSデータもSSJDAから提供されたものである．SSJDAへの申請手順は図11のとおりである．使用期間は原則1年間であり，その期限終了時に成果等の報告ならびにデータの消去が義務づけられている（嶋﨑2004）．このほか日本では札幌学院大学のSORD（Social and Opinion Research Database）がある．

7.4 オンライン分析

アーカイブのなかには，オンラインでデータを分析できる機能を設けているものもある．ICPSRもこの機能をもっている．ここでは大阪大学のSRDQ（Social Research Database on Questionnaires）を紹介しよう（URLは巻末に表記）．2004年から開始したこのアーカイブは，オンライン分析タイプのデータベースとうたっている．このサイトでは，2007年12月現在で，＜SSM＞1955年，1965年，1975年，1985年，1995年，＜情報化社会に関する全国調査＞2001年，2002年，2004年をオンラインで分析できる．分析メニューは，度数分布表，ケースの要約，クロス集計，Webキューブ，T検定，一元配置分散分析，2変量相関分析，偏相関分析，因子分析，線型回帰分析の10分析が可能である．

SRDQでは，利用者の制限はない．利用規程として6項目があがっているが，そのうちの3点が重要である．すなわち「1．プライバシーの保護：データ分析にあたっては，個々の調査対象者を特定するような

分析は行わないでください」,「2. 出典の明記：SRDQ で行った分析の結果を発表する際には，必ず，データの出典を明記してください．出典の表記の仕方については，各調査の『調査概要』ページをご覧下さい」,「3. 発表物の送付：SRDQ を利用して，論文や報告書などを作成したときは，その印刷物 2 部を SRDQ 事務局に送付して下さい」の 3 点である．実際にオンライン分析する際の手順は図 12 のとおりである．慎重に計画をたてたうえで，有効な分析を行ってほしい．

また，SSJDA でも「リモート集計システム」として，本格的な二次分析を行う前の準備作業として，クロス集計などを行えるシステムが用意されている．ここでの利用者は「大学のメールアカウントを持っている者」という制限がかかっており，ユーザー登録し，パスワードを交付された後に分析が可能となる．また SSJDA でも SRDQ と同様の利用

手順 1　分析計画の作成

手順 2　オンライン分析データ・アーカイブ上での利用調査の検索

手順 3　調査概要の熟読・理解

手順 4　データ分析

手順 5　結果のとりまとめ

手順 6　出典・謝辞の記載

手順 7　アーカイブへの発表物の送付

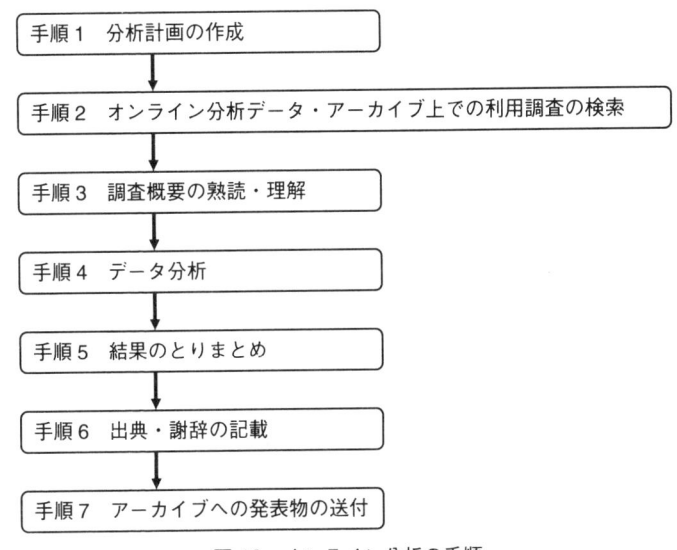

図 12　オンライン分析の手順

規程が課されている．この規程に同意したうえで利用することになる．

7.5 データ・アーカイブの意義

本章でみてきたように，現在では，データ・アーカイブが設立され，多くの貴重なデータにアクセスすることが可能になった．データ利用者にとっての意義を整理すると，①既存データへのアクセスが容易になった，②データ記録へのアクセスが容易になった，③既存データの情報提供を受けられる，④先行分析結果の情報提供を受けられる，⑤アーカイブからユーザーへのサポートを受けられる，⑥統計分析の訓練を受ける機会が提供される，の6点となる．

他方で，情報収集者にとっても，アーカイブへデータを寄託することで，①データ・記録を安全に保管できる，②データの一貫性と完全性をチェックすることができる，③標準化された文書記録を作成できる，④データ利用者からの情報のフィードバックを受けられる，⑤全国ならびに国際的に公開できる，⑥協賛者の獲得へつながる，というメリットがある．これらの意義は，おのずと社会の公共財としてのデータの保存，投資に対する報酬を最大化することにつながる．そしてなによりも回答者負担を軽減し，個人情報を含んだデータの安全な保管を可能にする．

社会学のみならず，社会科学全体でこうしたデータのアーカイブ化，公開の動きが活発になることで，全体でのデータ知識が発展し，科学として希求される再現性の確保へとつながり，個別学問領域を超えた複合的なパースペクティブの展開への起爆剤となっている．ただし，ユーザーとなるわれわれは，データの性格を正しく理解して利用すること，出典ならびに謝辞を明示すること，ならびにその成果を提供者へ還元すること，の3点を最低限の倫理上の責務として認識しておくことが，きわめて重要である．

第8章 社会調査の社会的還元：報告書のとりまとめ

8.1 必ず社会に還元せよ

本書で再三述べてきたように，社会調査は情報提供者である対象者からの自発的な協力を得てはじめて可能となる．そこで得られたデータは，社会的な公共財である．この認識につねに立っていなければならない．そのうえで，社会的公益性を高める努力をしなければならない．

統計調査や世論調査の場合，それは比較的たやすく政策等へ反映させることが可能である．しかし，学術目的の社会調査の場合には，目に見える形の成果としてそれを還元することは難しい．とはいえ，最低限の社会的還元として，ここでは3点を整理しておく．すなわち，成果の社会的還元，方法の社会的還元，データの社会的還元である．

8.2 必ず報告書をまとめる

まず，成果の社会的還元として，報告書の作成をあげる．調査を実施したならば，報告書を作成することは最低限の義務である．かつ，報告書は調査実施後すみやかに作成し，公表しなければならない．遅くとも実施年度内には公表したい．報告書の公開の範囲は，実施グループと対象者というように限定してもよい．しかし，差支えがなければ，可能なかぎり関心のある個人や機関へ寄贈することが望ましい．報告書の構成

は，冒頭に調査概要をまとめ，そののちに主要部分である調査結果を掲載する．そこでは，調査で収集した全項目を網羅するよう心がける．ただし，質問紙調査の場合には，項目順序にこだわる必要はない．トピックごとに章をもうけるなどして，調査全容をわかりやすく記述することが肝要である．資料3には＜第2回全国家族調査＞（NFRJ03）の第一次報告書目次を掲載した．3部からなっており，第2部調査結果の概要が中心部分である．この第2部の章構成をみると，この調査がどのような内容の調査であるかを知ることができる．

記述と説明について整理しておこう．記述（description）とは，結果内容を整理した叙述であって，そこには解釈などは含まれない．ある種，機械的に結果表から読み取っていくという作業である．報告書では少なくとも収集した情報について網羅的に記述していくことが求められる．それに対して，説明（explanation）とは，記述内容に示された事象が，なぜ生起したのかに関する叙述である．そこには，研究の理論や仮説が反映されることになる．あるいは執筆者による解釈が含まれることもある．

単純集計とは，各変数についての度数分布をみることである．その際，基本的な属性，たとえば性別や年齢階級別のクロス集計を用いて，全体の項目を概観することも有用である．資料3にあげた＜NFRJ03＞の報告書では，出生年グループと性別からなる12カテゴリーによるクロス集計を用いている．

さて，調査報告書の形態であるが，これまでは通常，冊子体で刊行されてきた．しかし，近年では，CD-ROM版やweb上でPDFファイル形式で公開することも多くなってきた．冊子体では保存場所の問題があるなど，全体としてペーパーレスの志向が高まっていることとも呼応している．

資料3　報告書の構成例　＜第2回全国家族調査＞第一次報告書目次

まえがき
I　調査のねらいとデザイン
　1　第2回全国家族調査の意義と経過
　2　調査票の構造
　3　サンプリングとデータの基本特性
II　調査結果の概要
　4　対象者の基本属性と世帯の情報
　5　家族キャリア
　6　職業的地位
　7　夫婦関係
　8　子との関係
　9　家族に関する悩みごと，仕事と家族の葛藤
　10　親・義親との関係
　11　きょうだいとの関係
　12　健康状態，家計，生活満足度の主観的評価
　13　援助ネットワークと介護
　14　家族に関する意識
　15　子産み・子育ての意識
III　資料編
　16　データ・クリーニングの概況
　17　中高年用調査票
　18　若年用調査票
　19　基礎集計表

8.3　データは適切な方法で示す

　報告書は，なるべくわかりやすく記述したい．そのためには，必要におうじて図表を用いるとよい．表作成にあたっては，以下の6点に留意するとよい．①表頭と表側の規則性をもたせる，②表の上にタイトルをつける，③Nを指示する，④全体度数分布を示す，⑤単位を指示する，⑥有意水準などは脚注で示す，以上の6点である．たとえば，2変数のクロス集計表を作成する場合を考えよう．資料4は，ある制度を支持す

るかどうかをたずねた変数を，年齢階級別にクロス集計した結果である（架空データ）.

資料 4　表の構成

表　年齢階級別にみた○○制度についての支持・不支持　　　　　（％）

	N	支持	どちらかといえば支持	どちらかといえば支持しない	支持しない
全体	1209	15.6	34.1	23.2	27.1
20–29 歳	185	38.9	37.3	9.7	14.1
30–39 歳	297	17.5	35.0	24.6	22.9
40–49 歳	400	12.0	36.3	24.8	27.0
50–59 歳	327	4.9	28.7	27.8	38.5

$p<.01$　←表脚注

（表タイトル・単位・表頭・表側の注記付き）

　表頭に従属変数（被説明変数：観察したい変数）を，表側に独立変数（説明変数：影響をみたい変数）を示している．この位置が日本では一般的である．欧文報告書の場合には，逆になることが多い．クロス集計表の場合，われわれは，この表を一行ずつ左側から右側へと読んでいき，グループごとの特徴を観察する．さらに，表の上部には表のタイトル「年齢階級別にみた ○○ 制度についての支持・不支持」とつけてある．図の場合にはタイトルは下部に示す．このほかに重要となるのは，N（基数）の指示である．比率を示す場合，その基数（100 ％にあたる実数）を明示しておけば，他のセルでは実数を省略して比率のみを示すことでこと足りる．以上のように，表を作成する際には，その後に加工利用できるためにも，基礎となる情報を網羅していることがきわめて重要である．

　資料 4 を図示するには，いくつかの形態が可能であるが，適切な形態のひとつは資料 5 のような帯グラフである．このデータは，4 つのグループごとの支持率をみているが，図中では，帯の左方向が支持を，右

方向が不支持を示している。網掛けの濃さで識別している。さらに，上部の帯が若年階級を，下部の帯が年長階級を示している。図を一瞥して，若年グループで支持率が高く，年長グループで不支持が高いことを，視覚的に把握できる．

資料5 帯グラフの例

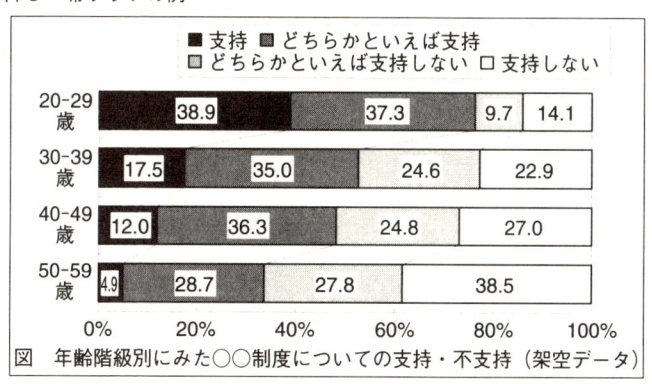

図 年齢階級別にみた○○制度についての支持・不支持（架空データ）

これに対して，資料6のような円グラフもある．円グラフは，比較するグループ（独立変数）のカテゴリー数が2つ程度である場合，さらに，従属変数のカテゴリーがそれほど多くない場合に効果的な方法である．資料5と比較すると，その効果の違いがわかる．

資料6 円グラフの例

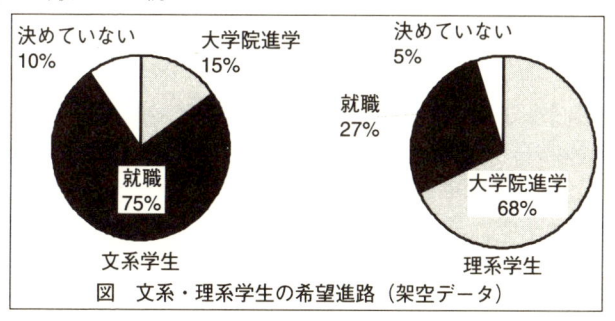

図 文系・理系学生の希望進路（架空データ）

折れ線グラフについてもふれておこう．折れ線グラフは，同一対象についての時間経過にともなう推移を示す場合にもっとも効果的である．われわれがよく目にするのは，女性の労働力率の年齢別の推移である．資料7のように，同じ時期に生まれた女性たちのグループ（出生コーホート）がどのように労働力人口となっているのか，その動向が年齢ごとに特徴的であることを示す際に非常に効果的である．この図をみると，女性の労働力参加が，いわれているほど近年急激に増加しているとはいえない．むしろ，どのコーホートでも，20代後半から30代で労働力率が50％程度に低下している点で共通していることがわかる．

資料7　折れ線グラフの例

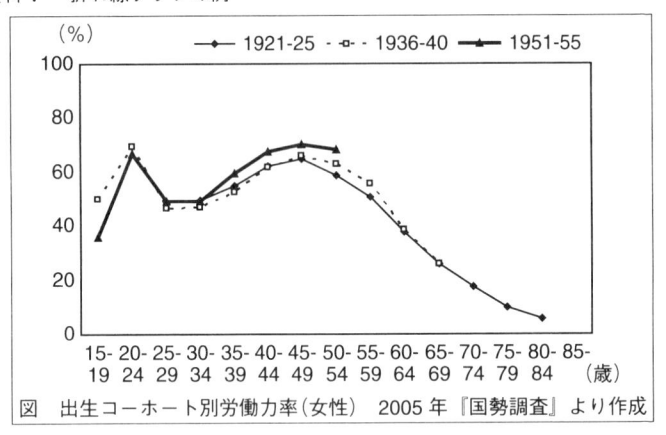

Y軸: (%), 0–100
X軸: 15-19, 20-24, 25-29, 30-34, 35-39, 40-44, 45-49, 50-54, 55-59, 60-64, 65-69, 70-74, 75-79, 80-84, 85- (歳)
凡例: ◆ 1921-25, □ 1936-40, ▲ 1951-55
図　出生コーホート別労働力率（女性）　2005年『国勢調査』より作成

　最後に，図示はたやすく考えられがちだが，意図的に形状を選択しなければならない．図は，あくまでもデータの特徴を視覚的にとらえるために使われる．場合によっては，むしろわかりにくくなってしまう危険もある．少し整理しておこう．図示するにあたっては，情報を欲張らず抑制すること，シンプルなデザインとし，意図を明確に描出することが重要である．最近では，マイクロソフト・エクセルなどを使って，非常

に簡単に図を作成できる．大いに活用して，わかりやすい図を作って，報告書に掲載してほしい．

おわりに

　社会調査法のテキストは多数あるが，本書は，巻頭にもふれたようにブックレットの特性を活かし，今日的課題に力点をおいた．「新統計法」をはじめとする統計行政をめぐっては，著者自身がここ数年，統計委員会専門委員を務めるなど，関心を寄せていることもあって，その動向を整理した．「社会の情報基盤としての統計」へという方向転換は，今後の社会科学研究領域にも刺激をもたらすであろう．

　本書の執筆や最近の調査経験をとおして，あらためて個人情報とは何かを考えさせられている．そもそも「個人情報」として想定する内容が個人によって千差万別であり，かつ個人情報の保護に関する意識においても個人差が非常に大きい．多くの人たちが，個人属性や履歴に関する情報全般にわたって，その漏洩に強い危惧を抱いており，実際，情報の漏洩にかかわる事件が多発している．個人情報保護法が，そうした人たちの保護を目的としていることはいうまでもない．

　一方で，ひとたびインターネットをひらけば，ブログ上では，きわめて個人的な情報を自ら世界中に公開している人たちも大勢いる．本人の属性（生い立ちから学歴，職歴にいたるまで）はもちろんのこと，仕事内容，食事内容，会話相手，購入した洋服，前夜にみた夢，家族構成，子どもの発達過程，家族氏名，職場の同僚のうわさ話までが即時に公開されている．

　現在，日本社会は，個人情報に関してもっとも混沌とした状態にあるのだろう．今後，いずれかの方向へ収束していくことを待つしかないが，このような状態自体が，社会調査の観察対象であることもいうまでもない．

　最後に，本書の執筆にあたっては，田中千津子社長をはじめ学文社の

みなさまにたいへんお世話になりました．心より感謝いたします．

　2008 年 2 月

嶋﨑尚子

<参考文献>

デュルケーム, E., 1990『社会学的方法の規準』(宮島喬訳) 岩波文庫 (原著は 1895 年)

ICPSR・SSJDA, 2005『社会科学データの準備と保存のための手引き — データのライフ・サイクルを通じた最良の実践』

稲葉昭英, 2006「『社会調査の困難』を考える」『社会学年誌』47, 3-17.

正岡寛司ほか, 2007『炭砿労働者の閉山離職とキャリアの再形成 Part X』早穂田大学常磐炭砿アーカイブ研究所

NHK 放送文化研究所, 1996『世論調査事典』大空社

ニッセイ基礎研究所, 1994『サラリーマンの仕事と家庭』

佐藤郁哉, 1984『暴走族のエスノグラフィー —モードの叛乱と文化の呪縛』新曜社

嶋﨑尚子, 2001「社会学における二次分析の可能性」『社会学年誌』42, 147-162.

嶋﨑尚子, 2004『社会調査データと分析』トランスアート

嶋﨑尚子, 2006「社会調査教育におけるデータアーカイブの活用 — JGSS2 次分析演習の事例」『エストレーラ』147, 10-13.

社会経済生産性本部, 2005『平成 17 年度新入社員「働くことの意識」調査報告書』

データ・アーカイブの URL

ICPSR：http://www.icpsr.umich.edu/
CESSDA：http://www.nsd.uib.no/Cessda/
SSJDA：http://ssjda.iss.u-tokyo.ac.jp/
SORD：http://www.sgu.ac.jp/soc/sordhp/
SRDQ：http://srdq.hus.osaka-u.ac.jp/

〔付　録〕

日本社会学会倫理綱領

〔策定の趣旨と目的〕

　日本社会学会は，社会学の研究・教育および学会運営にあたって依拠すべき基本原則と理念を定め，「日本社会学会倫理綱領」として発表する．

　本綱領は，日本社会学会会員が心がけるべき倫理綱領であり，会員は，社会学研究の進展および社会の信頼に応えるために，本綱領を十分に認識し，遵守しなければならない．社会学の研究は，人間や社会集団を対象にしており，対象者の人権を最大限尊重し，社会的影響について配慮すべきものである．また社会学の教育・指導をする際には，本綱領にもとづいて，社会学教育および社会学の研究における倫理的な問題について十分配慮し，学習者に注意を促さなければならない．

　プライバシーや権利の意識の変化などにともなって，近年，社会学的な研究・教育に対する社会の側の受け止め方には，大きな変化がある．研究者の社会的責任と倫理，対象者の人権の尊重やプライバシーの保護，被りうる不利益への十二分な配慮などの基本の原則を忘れては，対象者の信頼および社会的理解を得ることはできない．会員は，研究の目的や手法，その必要性，起こりうる社会的影響について何よりも自覚的でなければならない．

　社会学研究・教育の発展と質的向上，創造的な研究の一層の進展のためにも，本綱領は社会的に要請され，必要とされている．本綱領は，日本社会学会会員に対し，社会学の研究・教育における倫理的な問題への自覚を強く促すものである．

第1条　〔公正と信頼の確保〕社会学の研究・教育を行うに際して，また学会運営にあたって，会員は，公正を維持し，社会の信頼を損なわないよう努めなければならない．
第2条　〔目的と研究手法の倫理的妥当性〕会員は，社会的影響を配慮して，研究目的と研究手法の倫理的妥当性を考慮しなければならない．

第3条 〔プライバシーの保護と人権の尊重〕社会調査を実施するにあたって,また社会調査に関する教育を行うにあたって,会員は,調査対象者のプライバシーの保護と人権の尊重に最大限留意しなければならない.

第4条 〔差別の禁止〕会員は,思想信条・性別・性的指向・年齢・出自・宗教・民族的背景・障害の有無・家族状況などに関して差別的な取り扱いをしてはならない.

第5条 〔ハラスメントの禁止〕会員は,セクシャル・ハラスメントやアカデミック・ハラスメントなど,ハラスメントにあたる行為をしてはならない.

第6条 〔研究資金の適正な取扱い〕会員は,研究資金を適正に取り扱わなければならない.

第7条 〔著作権侵害の禁止〕会員は,研究のオリジナリティを尊重し,著作権などを侵害してはならない.剽窃・盗用や二重投稿をしてはならない.

第8条 〔研究成果の公表〕会員は,研究の公益性と社会的責任を自覚し,研究成果の公表に努め,社会的還元に留意しなければならない.

第9条 〔相互批判・相互検証の場の確保〕会員は,開かれた態度を保持し,相互批判・相互検証の場の確保に努めなければならない.

付則
(1) 日本社会学会は,社会学の研究・教育における倫理的な問題に関する質問・相談などに応じるため,「日本社会学会倫理委員会」をおく.
(2) 本綱領は 2005 年 10 月 22 日より施行する.
(3) 本綱領の変更は,日本社会学会理事会の議を経ることを要する.

日本社会学会倫理綱領にもとづく研究指針

2006 年 10 月 28 日

指針の目的

　日本社会学会は，2005 年 10 月に「日本社会学会倫理綱領」を定めました．本指針は，同綱領にもとづいて，日本社会学会会員が普段の研究・教育・学会活動および社会活動に際して尊重すべき基本的姿勢，心がけるべきことを具体的に例示したものです．

　現在，科学研究全般において，社会との関係が厳しく問われるようになっています．とりわけ，対象がまさに社会や人間そのものである社会学という学問領域では，倫理的妥当性の高い研究を行うことが一層求められます．しかし同時に社会学研究は対象や方法がきわめて多岐にわたるだけに，一律の基準を課すことは困難です．また倫理綱領や指針に求められる内容も，時代と社会的要請によって変化し，研究目的や具体的な状況によっても解釈・適用が左右されます．

　したがってこの指針は，社会学研究の全体を統制しようとするものでも，社会学研究の自由と可能性を束縛しようとするものでもありません．むしろ教育・研究のレベルを高め，社会の信頼に応え，さまざまな圧力や誘惑から社会学研究を守っていくために，倫理綱領および本指針を策定しました．倫理綱領および本指針の規定と精神をふまえて，会員が主体的・自律的に研究・教育をすすめていくことを期待します．

　なお，この指針は，すべての会員の研究・教育等の活動の指針として作成されていますが，とりわけ，経験の乏しい会員が調査研究を行う場合，および会員が学生や大学院生の教育指導にあたる場面に重点をおいています．会員が本指針を熟読し，研究・教育などに活用されることを願ってやみません．

1. 研究と調査における基本的配慮事項

　社会学の研究や調査は，さまざまな方法を用いて実施されています．特に調査は，通常，統計的量的調査と記述的質的調査にわけられます．どちらの方法を採用するにしても，社会学研究者として遵守すべき事柄

や，遵守することが望ましい事柄があります．以下ではまず基本的に配慮すべき点を指摘し，さらに特に配慮することが望ましい点について述べます．

(1) 研究・調査における社会正義と人権の尊重

研究を企画する際には，その研究の目的・過程および結果が，社会正義に反することがないか，もしくは個人の人権を侵害する恐れがないか，慎重に検討してください．とりわけ，個人や団体，組織等の名誉を毀損したり，無用に個人情報を開示したりすることがないか，などについて十分注意することが必要です．

(2) 研究・調査に関する知識の確実な修得と正確な理解

研究対象の特質，問題関心，テーマや人的物的資源に照らして，どの方法が適切か，的確に判断するためには，調査方法の基礎を十分理解しておかなければなりません．自分がどのような情報を求めているのかを自覚するとともに，調査の意図やねらいを対象者に明確に伝えるためにも，先行研究など社会学的研究の蓄積をふまえることが必要です．このような知識を確実に修得し，理解していることが，専門家としての，また調査者としての責任であることを認識しておきましょう．

(3) 社会調査を実施する必要性についての自覚

社会調査はどのような方法であれ，対象者に負担をかけるものです．多かれ少なかれ調査対象者の思想・心情や生活，社会関係等に影響を与え，また個人情報の漏洩の危険を含んでいます．そもそもその調査が必要なのか，調査設計の段階で先行研究を十分精査しておきましょう．また研究計画について指導教員や先輩・同輩，当該分野の専門家などから助言を求めるようにしましょう．

知りたいことが，二次データ・資料の活用によってかなりの程度明らかにできることは少なくありません．調査を実施しなければ知ることのできない事柄であるかどうか，また明らかにすることにどの程度社会学的意義があるかどうか，慎重に検討してください．その上で調査にのぞむことが，対象者の理解を得るためにも，有意義な研究を導くためにも重要です．

(4) 所属研究機関の手続き等の尊重

最近では調査者が所属する機関や調査対象者の側の組織等に倫理委員会等が設けられる場合が増えてきました．こうした組織がある場合には，そこが定める手続きにしたがって調査を行うことが必要です．

(5) 研究・調査対象者の保護

対象者の保護に関しては次のことに留意してください.

a. 研究・調査対象者への説明と得られた情報の管理

　　対象者から直接データ・情報を得る場合,収集方法がいかなるものであろうと,対象者に対し,原則として事前の説明を書面または口頭で行い,承諾を得る必要があります.(a) 研究・調査の目的,(b) 助成や委託を受けている場合には助成や委託している団体,(c) データ・情報のまとめ方や結果の利用方法,(d) 公開の仕方,(e) 得られた個人情報の管理の仕方や範囲などについてあらかじめ説明しましょう.とりわけ,なぜ対象者から話を聴くのか,対象者から得た情報をどのように利用し,またどのように個人情報を保護するのか,などの点について,わかりやすく丁寧な説明をこころがけましょう.特にデータ・情報の管理については,具体的に保護策を講じ,それを説明する必要があります.場合によっては,調査対象者から同意書に署名(および捺印)をもらうことなどを考慮しても良いでしょう.

b. 調査への協力を拒否する自由

　　このように丁寧な説明を試みても,調査対象者から調査の協力を断られる場合があります.協力してもらえるよう誠意をもって説得することが重要ですが,同時に対象者には,原則としていつでも調査への協力を拒否する権利があることも伝えておかなくてはなりません.

　　調査者は,対象者には調査を拒否する権利があることを明確に自覚していなければなりません.

c. 調査対象者への誠実な対応

　　いかなる場合にも,対象者に対する真摯な関心と敬意を欠いた研究・調査をしてはならないということに留意してください.

　　特に研究・調査対象者から当該研究・調査について疑問を出されたり,批判を受けた場合は,真摯にその声に耳を傾け,対象者の納得が得られるよう努力してください.行った研究・調査の成果を守ろうと防衛的になるあまり,不誠実な対応になることは許されません.

(6) 結果の公表

a. 調査対象者への配慮

研究・調査結果の公表の際には，それによって調査対象者が多大かつ回復不可能な損害を被ることがないか，十分検討しましょう．

　　とりわけ社会調査は，調査の企画にはじまり，結果のまとめと公表に至る全過程から成り立つものであり，実査や集計・分析だけにとどまるものではありません．調査対象者には研究結果を知る権利があります．調査結果の公表は，調査者の社会的責任という点からも，適切になされる必要があります．
b. 事前了解・結果公表等の配慮

　　公表予定の内容について骨子やデータ，原稿などをできる限り事前に示し，調査対象者の了解を得ることも心がけましょう．また対象者から研究・調査結果を知りたいと要望があった場合には，少なくとも要点を知らせるよう最大限努力するとともに，調査対象者が公表された研究結果にアクセスできるよう誠実に対応しましょう．

(7) データの扱い方
a. 偽造・捏造・改ざんの禁止

　　研究・調査によって得られたデータは公正に取り扱わねばなりません．偽造・捏造・改ざんなどは固く禁じられています．データの偽造・捏造は，それを行った者の研究者生命にかかわる問題であり，調査対象者や共同研究者に対する背信行為です．

　　データの修正や編集が必要な場合には，求められたら修正・編集のプロセスを開示できるように，記録し保管しておきましょう．また報告書などで，その旨明記し読者の注意を喚起しなければなりません．
b. データの管理

　　調査で得られたデータは，対象者リストも含め，調査中も調査後も厳正な管理が必要です．回収票や電子データの保存・管理には，十分に注意しなければなりません．

(8) 教員による指導の徹底
a. 研究・調査の基本的倫理の指導

　　学生・院生が調査・研究を行う場合，指導にあたる教員は，事前に学生・院生が研究・調査の基本的倫理を学ぶことができるよう配慮し，調査の現場で研究倫理から逸脱することがないように

指導監督しなければなりません．
  b．調査実習の水準の確保
　　社会調査士の資格認定制度ができ，さまざまな大学で認定のための科目が開講されていますが，とくに「社会調査実習」の内容や水準のばらつきが問題となっています．現地に行って漫然と話を聴いてくる程度にとどまることのないよう，「実習」にふさわしい教育的達成水準の確保に努める必要があります．
 (9) 謝礼の扱い方
研究・調査にあたって調査対象者から常識を越える金銭や物品の供与を受け取ったり，あるいは逆に調査対象者に過大な金銭・物品等を提供してはいけません．適切なデータを得るために妥当な経費について慎重に考慮してください．

2．統計的量的調査における配慮事項
　統計的標本調査に関する倫理的問題の多くは，調査対象者のプライバシー保護も含め，基本的には，調査方法，遵守すべき事項，細部にわたる手順，統計的検定などの統計的調査に関する知識を十分修得しているかどうかに密接にかかわっています．統計的調査では，調査者の側に，確かな専門知識があるかどうか，それに裏打ちされたモラルと責任感が問われます．
 (1) サンプリングの重要性
　統計的標本調査では，母集団からの標本抽出が重要な作業となります．母集団と近似する標本を得ることは調査の出発点であり，時間的金銭的にいかに費用がかかろうとも，説明可能な的確な手続きによるサンプリングを実施しなければなりません．
 (2) メーキングの防止
　個別面接調査法をとる場合，最も警戒を要するのは，調査員によって調査票に虚偽の情報が記入されることです．調査員が対象者宅を確実に訪問したかどうかのチェックが必要ですが，基本的には調査員のモラルを高めるよう，事前の説明で留意するとともに，調査中もつねに調査員のモラルの維持を心がける必要があります．学生・院生が調査員である時には，学生・院生との信頼関係の構築がきわめて重要です．
 (3) データの保護─対象者特定の防止
　対象者から収集したデータは，調査中も，分析中も，報告書作成後

も，他に漏れることがあってはなりません．厳重な管理が必要です．得た情報を外に漏らさないよう調査員にも指導を徹底することが求められます．また第三者によって，調査票の個番と対象者リストが照合され対象者が特定されることのないよう，調査票，個番，対象者リストを別々に保管するなどの対策を講じることが望まれます．

(4) エラーチェック，母集団と回収票の比較

近年，回収率の低下が大きな問題となっています．回収率を上げるための努力や工夫が必要であることは言うまでもありません．また回収票の分布と母集団の分布を比較し，回収票の分布にどのようなゆがみがあるのかを正確に捉えておくことも欠かすことのできない作業です．また集計・分析に入る前に，記入ミスやコーディングのエラー，論理エラーのチェックなど，データのエラーをチェックし，必要な訂正をしておかなくてはなりません．

(5) 興味深い知見・新しい考察を導くための努力

情報機器の発達にともなって，データ入力後，集計結果が容易に算出できるようになり，図表類も短時間で作成できるようになりました．しかしその結果，学問的意義に乏しい調査や集計結果が累積されていくことにもなりがちです．

また統計的量的調査の場合は，質的調査と異なり，入力したデータや集計から得られた知見のひとつひとつには，何のストーリーも含まれていません．研究者・対象者・分析者自身が，知見を整理するなかから，それらを学問的に意義づけるストーリーを考えてゆかなければなりません．この努力を軽視すると，単なる結果の羅列に終わってしまうことになりがちです．興味深い知見をもとに，新しい考察や仮説・理論を導くストーリーを見出すことができるように，不断に努力することが望まれます．

3. 記述的質的調査における配慮事項

事例調査などの質的研究法にも，量的調査について述べてきた原則が当てはまります．確かな専門知識，それに裏打ちされたモラルと責任感が問われるのは，質的研究法においても同様です．事例調査ではとりわけ，対象者の生活世界を詳細に記述しなければならないことがあるため，対象者のプライバシーの保護や記述の信頼性などに，一層配慮する必要が高まります．特に調査の目的と方法，公表のしかたについて対象

者に事前に説明し，了解を得ておくことが不可欠です．

(1) 事例調査や参与観察における情報開示の仕方の工夫

フィールドワークのなかには，調査者としてのアイデンティティをいったん措いて対象の世界にとけこむことをもっとも重視するという手法があります．このような手法をとる場合，「調査対象者に事前に調査の目的を説明し同意を得ておく」ことが，対象者との自然な関係の構築を妨げることにならないかという懸念が生じることがあります．このように事前に同意を得ることが困難な手法をとらざるをえない場合には，調査結果の公表前に，調査対象者に対して調査を行っていたことを説明し，了解を得ておくことが原則です．

(2) 匿名性への配慮

プライバシー保護のために，個人名や地域名を匿名化する必要がある場合があります．ただし，匿名にしても容易に特定される場合もあります．他方，対象者の側が実名で記述されることを望む場合もあります．報告でどのような表記を用いるのか，対象者と十分話し合い，いかなる表記をすべきかについて了解を得ておくことが大切です．

4. 論文執筆など研究結果の公表にあたって

研究成果を公表する際に下記のような配慮をすることは，研究の質の向上につながるだけでなく，自身の研究者としての評価をも左右します．

(1) 他者のオリジナリティの尊重

研究結果の公開にあたって，他の研究者や原著者のオリジナリティはもっとも尊重されるべきであり，他の研究者の著作者としての権利を侵害してはなりません．また盗作や剽窃は，学問上の自殺行為と言えるものです．

今日では，インターネットなどを通じて，電子情報のコピーやペーストが容易にできるようになってきました．このようなメディア環境だからこそ，自分のオリジナルとそれ以外とを明確に区別し，他から得た情報は情報源を明記するという原則を厳守することが一層重要です．学生・院生に対しても，この原則を徹底するよう指導しなければなりません．

研究会などディスカッションの場で表明された他者のアイデアを断りなく自分のものにすることも避けなければなりません．とくにアイデア

の発展にとって有益なコメントを得た場合には，研究会への謝意や，相手方や日付を特定できる場合には「この点については，○○研究会（○○年○月○日）での××氏のコメントに示唆を得た」「この点については，○○研究会（○○年○月○日）での討論に示唆を得た」などのように注や付記などで明記すべきです．

(2) 先行研究の尊重

学術論文を執筆する際には，先行研究を適切にふまえ，しかもそのことを論文の中で明示する必要があります．先行研究やその問題点をどのように理解しているかを示すことは，自分の問題意識や問題提起のオリジナリティやその学問的意義を他者に明確に伝えるうえでも不可欠です．

重要な先行研究に言及しないことは勉強不足を露呈することにもなりかねませんし，フェアな態度とは言えません．

親しい研究仲間の論文に片寄った言及が散見されることがありますが，公正さを欠くものであり，慎むべきことです．

(3) 引用の基本原則

他者の著作からの引用は，公表されたものからしかできません．研究会でのレジュメや私信など，公開されていないものから引用する場合には，引用される側の許可が必要です．

公表された著作から引用する場合は，著作権法第32条の引用に関する規定にもとづいて許可なく引用することができます．引用に際しては，(a) 引用が必要不可欠である，(b) 引用箇所は必要最小限の分量にとどめる，(c) 引用文と地の文を明確に区別する，(d) 原則として原文どおりに引用する，(e) 著作者名と著作物の表題，引用頁数など出典を明示する，という基本原則を遵守しなければなりません．

(4) 図表などの「使用」

オリジナリティの高い図表や写真・絵画・歌詞などを使用する場合は，法律用語としては「引用」ではなく，他者の著作物の「使用」にあたります．その場合には，当該図表・写真・絵画・歌詞などの著作権者から使用の許諾を受けなければなりません．

(5) 投稿規定・執筆要項の遵守

論文を雑誌に投稿する際は，各雑誌ごとに，投稿規定・執筆要項を定めていますから，執筆に先立って熟読し，細部まで遵守しなければなりません．日本社会学会は『社会学評論スタイルガイド』を定めていま

す．日頃から，このスタイルガイドに依拠して論文を執筆するよう心がけましょう．

とくに大学院生など発表経験の乏しい会員の場合には，投稿に先立って，指導教員や先輩・同輩の院生などに目をとおしてもらい，批評を仰ぐことが重要です．誤字脱字が多い，日本語として意味が通りにくい，文献や注が不備であるなど，不注意な論文が散見されますが，そのような論文を投稿することは，投稿者自身にとって不利なばかりでなく，編集委員会や査読者に無用な負担をかけることになります．

(6)「二重投稿」の禁止

同一あるいはほとんど同一内容の論文を，同時に別々の雑誌に投稿することは「二重投稿」として禁じられています．学術雑誌の場合には，投稿論文は未発表のものに限られます．どの範囲までを既発表とし，どこからを未発表とするのか，その具体的な線引きは，必ずしも容易ではありません．投稿しようとする雑誌ごとにどのようなガイドラインになっているか，確認しておきましょう．

またアイデアを小出しにして，発表論文数を増やそうとするような態度は慎むべきです．

(7) 査読内容の尊重

査読者に訂正等の指示を受けた場合，その指摘に誠実に対処しましょう．査読者が「誤解」したと考えられる場合もありえますが，なぜ誤解を招いたのか，誤解を防ぐにはどのように記述を改善すればよいのか，という点から，投稿者自身がまず改善・改稿を心がけるべきです．なお，納得のいかない評価に対しては，論拠を示して異議を申し立てることができます．

(8) 著作者の権利

著作者であることによって，大別して，経済的利益の保護を目的とした財産権である著作権と，人格的利益の保護を目的とした著作者人格権の二つの権利が派生します．著作者としての自分の権利を守り，また，他者の権利を侵害しないように留意しましょう．近年，著作権を発行元に譲渡する場合が増えていますが，著作者人格権は，あくまでも著者自身にあります．

自らの著作を，別の書籍や雑誌に再録したり，あるいはホームページなどに転載する際は，著作権の帰属に気をつけ，発行元および著作権者から許可を得ることが必要です．

(9) 共同研究のルール

共同研究に先立って,あるいは研究の初期段階で,研究チーム内のルールをあらかじめ明確にしておきましょう.とくに役割分担や協力の内容について,成果の発表の仕方について,発表の時期や内容,媒体などについて,合意内容を研究チーム内で確認し,それを遵守しなくてはなりません.研究成果の公表にあたっては,共同研究者や研究協力者の権利を尊重し,共著者として列記する,あるいは協力ないし役割分担の内容について明記するといった配慮も必要です.また共同研究が終了したのちも,その研究で得られたオリジナルなデータの取扱いについては,共同研究者の合意を得るなど,慎重な取扱いが必要です.

5. 研究資金の取扱いと委託研究への対応

研究助成金などの外部資金を得て調査・研究する場合が増えていますが,資金の扱いには慎重さと透明性の確保が求められています.社会正義にもとるような資金や研究の公正な遂行を妨げる恐れのある資金を得ることは避けるべきです.調査対象者に出所を説明できないような調査資金は用いるべきではありません.

(1) 研究資金の適切な支出

研究資金は調査に必要な項目以外には支出すべきではありません.支出の適正さを証明するために,支出内容や支出先を明確に記録し,領収証等を保存しておくべきです.

研究助成金の使いにくさを理由とした,いわゆる「裏金」などの不正操作も許されません.研究費の使い方に関しては,科学研究費補助金の場合には文部科学省の『科学研究費補助金ハンドブック』を参考に,その他の助成金については各助成団体の規定等を遵守して,適切に運用してください.

(2) 委託研究への対応

委託研究の場合には,委託料,調査データの帰属,発表のしかたなどについて,事前に委託主との間で契約書などを取り交わし,双方の合意内容を明確にしておくべきです.その際,調査データや記録類の取扱い,報告書の内容などに関して,委託を受けた研究者の主体性が極力守られるように留意しましょう.

6. 教育・研究におけるセクシュアル・ハラスメント,アカデミック・ハ

ラスメント等の問題

　セクシュアル・ハラスメントやアカデミック・ハラスメントなどは，教育・研究の場における基本的な人権にかかわる重大な問題です．研究室や所属機関，学会などが，ハラスメントのない，風通しのいい教育・研究の場となるよう留意しましょう．

　(1) ハラスメントをしないために

　ハラスメントのひとつの温床は権力関係にあります．「教える者」と「教えられる者」は権力的関係であることを，教える立場にある者は常に自覚しておくことが大切です．大学院生が先輩などとして「教える側」にまわる場合にも，自分で思う以上に相手に対して圧力を感じさせることがあることを認識しておきましょう．相手が初学者であっても，自分の考えを押し付けたりすることがあってはなりません．

　また指導に私的な感情を持ち込むことは慎むべきです．

　大学や研究を取りまく環境が変化する中で，性や世代，文化的背景，経験等の違いによって，指導方法や言葉遣いに関する常識にずれが生じることは珍しくありません．指導する者の何気ない発言や態度も，学生・院生の心を傷つけ，ハラスメントと受けとられることがあります．指導する側は，指導の仕方に十分配慮しなければなりません．

　(2) ハラスメントを受けた場合

　ハラスメントを受けたと感じたときは，可能であれば，自分にとっては不快である，やめてほしい，などと，直接相手に伝えることで，効果的に問題解決できる場合もあります．そのような解決を図る可能性をまず考慮してみましょう．そうした解決が不可能な場合には，基本的に，所属機関等の取扱い規程にしたがって対処しましょう．

　(3) 相談窓口としての日本社会学会倫理委員会

　日本社会学会は，倫理問題に関する相談窓口として「日本社会学会倫理委員会」を設置しています．学会大会の場や学会誌への論文掲載に関してなど，学会活動に関連して会員からハラスメントを受けた場合には，日本社会学会倫理委員会に相談してください．

　倫理委員会は，受け付けた相談に関しては，関係者のプライバシーを尊重し，相談者の意思を尊重して問題を取り扱います．

7. 学会活動
　(1) 会員としての積極的な活動

会員は教員・研究者・院生の立場にかかわらず学会活動に積極的に参加してください．学会誌への投稿や大会での参加・報告，役員の選挙ほか，学会にかかわる事柄はニューズレターや学会ホームページで広報していますので，情報を確認してください．

（2）学会誌への投稿や学会報告に関する注意

投稿や学会報告に際しては，事前に研究者仲間からのピアレビューや指導教員の指導を受けることで，研究の水準を高めることができます．

学会報告を直前にキャンセルすることは避けてください．無責任であるだけでなく，研究計画やその進行予測の不十分さを露呈することになります．

（3）査読やコメントをする際の留意点

論文査読や学会報告にコメントをする際には，執筆者・報告者の研究内容を一段と高める観点から行うべきです．自説にこだわった排他的なコメントや執筆者・報告者の人格を傷つけるようなコメントは避けるべきです．

論文査読にあたっては査読の締切を遵守するよう努めましょう．

8．社会での活動

研究者の社会参加がますます求められ，行政機関や各種業界，マスメディア，市民運動・NPO など多様な分野において，研究者・専門家として活動する機会が増えています．

社会学研究者として社会的に発言する場合には，それが学問的批判に耐えうるものであるのかを自省するだけでなく，事実や解釈の妥当性に関する批判に誠実に対応しようとする心構えが重要です．

付則

（1）本指針は 2006 年 10 月 30 日より施行する．
（2）本指針の変更・改訂は，日本社会学会理事会の議を経ることを要する．

早稲田社会学ブックレット出版企画について

社会主義思想を背景に社会再組織化を目指す学問の場として1903年に結成された早稲田社会学会は，戦時統制下で衰退を余儀なくされる．戦後日本の復興期に新たに自由な気風のもとで「早大社会学会」が設立され，戦後日本社会学の発展に貢献すべく希望をもってその活動を開始した．爾来，同学会は，戦後の急激な社会変動を経験するなかで，地道な実証研究，社会学理論研究の両面において，早稲田大学をはじめ多くの大学で活躍する社会学者を多数輩出してきた．1990年に，門戸を広げるべく，改めて「早稲田社会学会」という名称のもとに再組織されるが，その歴史は戦後に限定しても悠に半世紀を超える．

新世紀に入りほぼ10年を迎えようとする今日，社会の液状化，個人化，グローバリゼーションなど，社会の存立条件や社会学それ自体の枠組みについての根底からの問い直しを迫る事態が生じている一方，地道なデータ収集と分析に基づきつつ豊かな社会学的想像力を必要とする理論化作業，社会問題へのより実践的なかかわりへの要請も強まっている．

早稲田社会学ブックレットは，意欲的な取り組みを続ける早稲田社会学会の会員が中心となり，以上のような今日の社会学の現状と背景を見据え，「社会学のポテンシャル」「現代社会学のトピックス」「社会調査のリテラシー」の3つを柱として，今日の社会学についての斬新な観点を提示しつつ，社会学的なものの見方と研究方法，今後の課題などについて実践的な視点からわかりやすく解説することを目指すシリーズとして企画された．多くの大学生，行政，一般の人びとに広く読んでいただけるものとなることを念じている．

2008年2月10日

早稲田社会学ブックレット編集委員会

嶋﨑尚子（しまざきなおこ）1963年東京生まれ．現職：早稲田大学文学学術院教授 東京女子大学文理学部社会学科卒業，早稲田大学大学院文学研究科博士課程単位取得退学　専攻：ライフコース論，家族社会学，社会調査法

主な著書

『ライフコース論』（共著）放送大学教育振興会，1995／『近代社会と人生経験』（共著）放送大学教育振興会，1999／『現代家族の構造と変容』（共編著）東京大学出版会，2004／『社会調査データと分析』トランスアート，2004／『炭砿労働者の閉山離職とキャリアの再形成——旧常磐炭砿KK砿員の縦断調査研究』PartⅠ～Ⅹ，早稲田大学常磐炭砿アーカイブ研究所，1996～2007，など